任性出版

馬上就能用的超強記憶法

U0021046

記憶是考試、學習、成為能人的根本，

用你熟悉的舊串起上百個新，
不用一個月，人生各方面彎道超車。

不到一個月訓練，成為「世界記憶大師」

吳瓊
心智圖認證管理師

陳琴——著

Contents

推薦序一
常鍛鍊，記憶力就會不斷進步

中華記憶運動協會創會理事長／王聖凱

現在科技如此發達，電腦、手機這麼方便，想了解什麼，網路一查就有，為什麼要鍛鍊記憶力？

對學生而言，雖然考試已不像以前一樣強調背誦，也重視閱讀能力，但以我的女兒為例，她現在正在讀小學，考卷上仍有許多題目是考驗記憶力，記憶力不好，考試成績就差，很有可能會影響孩子的學習興趣。

對大人而言，有些公司規定考到證照可以加薪，或須具備相關證照才能擔任某些職位，而記憶力對證照考試來說非常關鍵，想更快考取證照，就得好好鍛鍊記憶力。

對年長者而言，如果退休後完全不做事、不動腦，會老化的更快，為了避免加速老化，我也非常建議年

長者經常鍛鍊大腦、記憶力。所以，不論是學生、大人或年長者，都應好好訓練記憶力。

你認識你的大腦嗎？關於大腦的第一個祕密，就是**用進廢退**──你常用的話會不斷進步，不常用的話很快會退化。舉例來說，廚師炒菜炒得又快又美味，是長期練習而來；籃球選手球技高超，也是多虧了不斷的訓練。記憶力也一樣，常練習便越來越強，不常練習便很快衰退。所以跟天生是否聰明無關，只要你開始鍛鍊記憶力，就會比天生記憶力好的人強更多。

我從 2014 年開始擔任世界記憶運動比賽的裁判，接觸到世界頂尖的記憶大師後，更加確信：他們並非都天生記憶力高強，而是靠後天努力才登上記憶舞臺的頂端。我認識本書作者吳瓊，我們曾一起在世界腦力錦標賽擔任裁判，她只用了不到一個月，就從一個小白訓練成記憶大師，而你也可以透過本書方法，打造出超強記憶力。

關於大腦的第二個祕密，就是**記憶力不只是一種能力，更是一種信念、態度與習慣**。如果你已經認定自己的記憶力不好，就不會用心記住許多事，如此一來記憶力便會越來越差。

　　本書可以改變你對記憶力的信念，且教你如何養成規律背誦的習慣，於是學任何事物都能夠更快且高效，幫助你考高分、考到證照，以挑戰更好的機會。如果你想了解許多關於大腦的祕密，就趕快翻開這本書吧！

推薦序二
打造專屬於你的大腦升級策略

閱讀人社群主編／鄭俊德

　　你有沒有聽過身邊的朋友抱怨：「年紀越大，記性越差。」、「我好久沒讀書，東西都背不起來。」、「我老是忘東忘西。」

　　如果你也曾表達過以上觀點，或內心想過類似的念頭，那麼我要告訴你，其實你的腦袋好得很，只是大腦太久沒有練習。透過鍛鍊，你依然可以像年輕人一樣擁有靈活的腦袋，隨著不斷訓練，理解力與應用力也有可能勝過年輕人。

　　美國塔夫茲大學（Tufts University）應用認知實驗室在過去，曾針對大腦功能做過許多研究，其中一個研究是針對「自我暗示」是否會對記憶產生影響。實驗室找來平均年齡 18 歲的一群學生，以及大學附近社區平均年齡 70 歲的一群年長者。實驗方式是請他們

挑戰記少見的單字。

實驗組與對照組的差別在於，對照組沒有接收到任何暗示，直接測試；實驗組（包含年輕人與年長者）則是被提及「人老了，記憶力一定會衰退」等，普羅大眾認知的觀念。實驗數據顯示，對照組當中年輕人與年長者的測驗答題結果，其成績相差無幾。但實驗組增加了「人老後記憶變糟」這個自我暗示，於是年長者答錯的比例遠高於年輕人甚多。由此可知，「自我暗示的成見」會影響一個人的記憶程度。

本書其中一位作者吳瓊的奶奶沒有讀過書，卻拿到 2015 年世界腦力錦標賽樂齡組單項銅牌，甚至作者也協助三個妹妹獲得世界記憶大師的稱號，在在證實有技巧的訓練法能提高記憶力。

我過去也不懂記憶，直到出社會後透過閱讀才學會，我也將這些竅門分享給我的孩子，其中一位孩子後來取得全國字音字形競賽的首獎，另一位則是常寫作，且作品被刊登到兒童報紙上。很多人好奇問我如何教孩子記憶，而相關祕訣在本書都有提到。

書中分享了聯想法，可應用於記歷史或地理等故事場景；歌訣法包含歌謠、口訣等，有助於背化學方

程式等內容；心智圖在許多國小也被大量提倡，能有效幫助記憶；另外，知名作家謝哲青曾在網路上大力推廣的記憶宮殿法，就是書中提及的定位法——運用熟悉的場所等，結合要記憶的物品或資訊。

　　當然，大人更應該學本書的方法，因為鍛鍊記憶不分年紀，過去也有研究指出，大腦會用進廢退，越使用便越靈光。如果你或你的孩子在背誦時，總要花許多時間且充滿挫折，那麼你可以把這本書當作大腦的升級武器，快把它讀完後應用書中的內容吧！

序言
記憶像游泳和開車，可以訓練

　　我一直相信「吸引力法則」──如果心裡很想做某件事，當你有足夠的信念，加上持之以恆的行動，那願望有很大的機率會實現。

　　2013 年的我還是一個大三的學生，考試前就開始背各種複習資料。某次午餐時間，我偶然在食堂門口被一個宣傳架吸引，上面寫著「7 天將國學《道德經》倒背如流、2 分鐘記毫無規律的 80 個數字、1 週背四六級英語（按：全國大學英語四、六級考試，由中國教育部主辦，目的為檢測大學生的英語能力）單字書……」。

　　我心想，國中一年級暑假的時候，我跟班導師王老師學了記憶法，讓我印象最深的是，圓周率我背到 100 位數，還在學校舞臺上表演背圓周率，大大的提升了我的自信。太有緣分了！恰巧我要考英語六級，

要是記憶法能幫我背單字就太好了。

我懷著激動的心情，走進學術報告廳。主持人請臺下觀眾輪流報螢幕上的數字，嘉賓可以正背、倒背。後來，嘉賓還抽背了整本《道德經》，當觀眾講出頁碼，嘉賓就可以背出那一頁的內容……太神奇了！我當下就決定要在我們學校（中南民族大學）開辦記憶協會。

於是，在武漢大學記憶協會、華中科技大學記憶協會的指導下，我們學校成立了記憶協會。在協會成員中，我的想像能力不好，學得最慢，頭腦裡很難想像出畫面。但透過一步步的練習，我有了一些改善，從剛開始花 5 分鐘只能記二十幾個數字，到後來花一樣的時間，可以記 160 個數字、2 副撲克牌。

2014 年 10 月開始，我陸續參加了世界腦力錦標賽（World Memory Championships）蘇州城市賽、中國賽和世界賽，通過世界記憶大師（或稱國際記憶大師）三項指定基準（按：1 小時內記下 1,000 個隨機數字、1 小時內記下 10 副撲克牌、2 分鐘內記下 1 副撲克牌），獲得世界記憶大師證書。

2015 年，學校的記憶協會步入正軌，我擔任榮譽

會長，創辦集訓隊，承辦了世界腦力錦標賽武漢市城市賽。

2016 年，我被授予「國際腦力運動推廣大使」的稱號，同時擔任世界腦力錦標賽國際一級裁判，次年晉升為國際二級裁判（可見證金氏世界紀錄誕生）。

記憶方法是一種技能，就像游泳、開車、彈鋼琴、畫畫，**最重要的是訓練**。量變可以引起質變。當我在 2013 年走進學術報告廳的那一刻，並未想到自己可以獲得如此多的榮耀，也不曾想過記憶法會改變我的職業道路。正是在勤懇的訓練中，記憶法化作我可以信手拈來的技能，幫助我在生活、學習各個方面，比他人走得更快。

少年智則國智，少年強則國強。在記憶行業「摸爬滾打」了多年，我從少年成長為青年，不只依靠自己的努力，更要感謝一路上無私幫助我的行業前輩，以及陪伴我共同成長的朋友。

此書由我和心智圖認證管理師陳琴老師共同撰寫，她在此行業深耕 10 年，有豐富的教學實戰經驗，也帶出許多優秀的學生。

我們在記憶領域得到很多貴人的指點，也不免想

將這份助人之心散播出去，將所學與眾學子分享，讓更多人了解記憶法，**擺脫死記硬背，提升記憶效率**，在學習、生活中更加順遂。

第 **1** 章

記憶是考試的基本

1 胼胝體，讓左右腦一起記

學者伊凡・葉夫雷莫夫指出：「人的潛力之大令人震驚。若我們迫使頭腦開足 1／4 的馬力，就能毫不費力的學會 40 種語言、把百科全書從頭至尾背下來，還可完成十幾個大學的博士學位。」由此可見，大腦具有巨大的潛能，只是大部分的人其潛能並未被挖掘。

我們的大腦分為左半球和右半球，諾貝爾生理學或醫學獎獲獎者羅傑・斯佩里（Roger Sperry）的研究指出，左、右腦以不同的方式接收和處理資訊。

左腦主要負責邏輯、語言、數學、文字、推理、分析，被稱為「學術腦」；右腦主要負責圖畫、音樂、韻律、情感、想像、創造，被稱為「藝術腦」（見右頁圖表 1-1）。

在傳統的教育中，「學術腦」的功能被大大強調和開發，而「藝術腦」得到的重視則不足。其實，對於記憶來說，慣於想像和創造的右腦，具有得天獨厚

的優勢。

　　想學會快速記憶，就不能忽略右腦的能力，但並非單純的開發右腦，而是須全面激發大腦的潛能，讓左右腦更高效的協同工作，把抽象的資料轉化成具體圖像，達到更高效記憶的目的。

　　快速記憶法可應用在日常生活和學習的各個層面，讓記憶這件事變得更有趣。

圖表 1-1　左、右腦以不同的方式接收和處理資訊

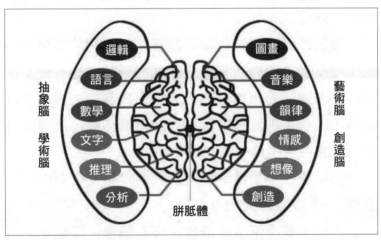

邏輯　　圖畫
語言　　音樂
抽象腦　數學　韻律　藝術腦
學術腦　文字　情感　創造腦
推理　　想像
分析　　創造
胼胝體

按：胼胝體是大腦中重要的白質帶，連接大腦的左、右半球。

2 人人都有兩個憶：記憶與回憶

學習記憶方法前，我們要了解相關的基本知識，不僅知其然，還要知其所以然。什麼是「記憶」？

《辭海》如此定義：「人腦對經驗過的事物識記、保持、再現的過程。」它包括識記、保持、再現或再認識（回憶）三方面。

識記即識別和記住事物的特點與之間的聯繫，它的生理基礎為大腦皮質形成相應的暫時神經聯繫；保持即暫時聯繫，以痕跡的形式留存於腦中；再現或再認識（回憶）則為暫時性聯繫的再度活躍，透過再現或再認識可恢復過去的知識經驗。

簡單來說，記憶就是「過去的經驗在人腦中再次重現」（見右頁圖表 1-2）。

「記」是「憶」的前提，沒有記過，即使你絞盡腦汁也不會想起來。這就好比去井裡打水，只有井裡有水才能打得出來。

　　而「憶」是「記」的驗證。若不考查，即使記得再多，也像是蓋上的書，只是死的知識，而不是活的智慧。記與憶是完整而不可分割的整體。好的記憶，既要記得住，又要憶得起。

　　在今天這個知識爆炸的年代，我們面臨的資訊越來越多，並且還與日俱增，腦子不夠用的苦惱似乎更加普遍。俗話說「好記性不如爛筆頭」，而電腦等工具的發明似乎更成為一種「偷懶」的選擇。許多人希望能不記而憶，只透過搜尋引擎就得到大量的資訊。那麼，個人的記憶能力是否已經無關痛癢了？

圖表 1-2　「記憶」包括識記、保持、回憶

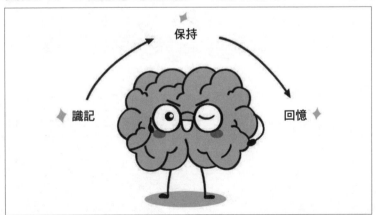

　　並非如此，**記憶的作用不僅在於知道資訊，更在於運用、整合資訊**。所謂「熟讀唐詩三百首，不會作詩也會吟」、「腹有詩書氣自華」，那些存在個人腦中的記憶，不僅是死板的資訊，更是個人氣質的底氣和基石。

　　從小地方來說，記憶是考試的基礎。即使是開書考試，若沒有對課堂的記憶，也無法整合全書各個部分的內容，以取得好成績；更不用說須背大量公式、單字等內容的閉卷考試。

3 遺忘曲線幫助複習

「如果我能永遠記得這篇文章，再也忘不掉該有多好，就不用花那麼多時間複習了！」這是我經常聽到學生說的話。

世界上確實有一類人，對生命中經歷的事記得一清二楚，不會忘記，你是不是很羨慕他們？但這是一種罕見的疾病，叫做「超憶症」（Hyperthymesia）。患者雖然有過目不忘的能力，卻不像我們想像中那麼幸福。不斷湧現記憶會對他們的身體和心理健康構成威脅，「無法忘記」也是一種痛苦。

我們不須記住每天發生的事，只須記住對我們而言重要的事。對於一般人來說，當開始記憶的時候，遺忘就已經開始了。

德國的心理學家赫爾曼・艾賓浩斯（Hermann Ebbinghaus）研究發現，遺忘在學習後立即開始，而且遺忘的進程並非相同。最初遺忘速度很快，之後逐漸緩慢。他根據實驗結果，繪製出遺忘進程的曲線，

即著名的「艾賓浩斯遺忘曲線」（見下方圖表 1-3）。

　　遺忘是不可避免的，但我們可以藉由經科學驗證的記憶和複習方法來延緩遺忘，甚至終生不忘。

　　許多人忘得快，是因為一開始沒有記住。在艾賓浩斯遺忘曲線中，一開始的記憶量是 100％，1 分鐘後就只剩下 58％，1 天後就只剩下 33.7％。試想，若一開始記住的內容就只有 50％，那麼 1 分鐘後就只剩下 50％ ×58％ ＝ 29％，這甚至少於記憶量為 100％ 時，1 天後的剩餘量。因此為了避免遺忘，**首先要提高初始的記憶量**。會影響此因素的有以下幾點：

圖表 1-3　艾賓浩斯遺忘曲線

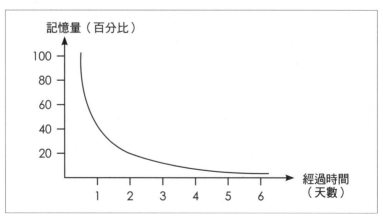

1. 注意力集中程度

　　當我們的思緒不集中，對資訊的分辨能力就會下降，導致要記憶的內容容易和其他線索混淆，於是記憶的效率降低，其準確性就差。

2. 資訊相互干擾程度

　　如果你想去圖書館找一本書，你會如何尋找？我想一定要先確定圖書分類，因為圖書館中的書正是依據這個規則來擺放。同樣的道理，如果你要在腦中安放各式各樣的資訊，最好也貼上相應的「標籤」，按照一定的規則來「擺放」。

　　相似的資訊會相互混淆，只有**在記憶時區分不同資訊之間的差異**，並且分門別類，才能避免在提取資訊時發生記不起來、記錯的問題。

3. 記憶時的情緒和心態

　　你對哪些事印象深刻？那些令你極度喜悅、悲傷、憤怒的事往往難以遺忘。所以在識記時加上情感的連結，是至關重要的。代入情感能提高記憶的持久性，令回憶更簡單。

　　傳統觀念認為，複習的次數越多，就記得越牢固。真的是這樣嗎？其實，**複習也要掌握節奏，有規律的複習才能事半功倍**，在此和大家分享，我學到新事物後的複習時機（見下方圖表 1-4）。

　　雖然可能沒多少人能像這樣，每次記憶時都按照此方法複習，但善用零碎的時間，規律複習重點，一定比盲目複習的效率高很多。

圖表 1-4　作者的複習時機

次數	複習時機
第 1 次	1 至 3 小時後
第 2 次	當天晚上
第 3 次	2 至 3 天後
第 4 次	1 至 2 週後
第 5 次	1 至 3 個月後
第 6 次	半年後
第 7 次	1 至 2 年後

4 天才也須刻意練習

　　自從我踏上學習記憶法之路，並取得「世界記憶大師」的稱號後，立刻被貼上了「記憶力好」的標籤，因此身邊的人時常詢問我提高記憶力的竅門，我也逐漸領悟出記憶力差背後的兩大原因：一是對於自己「記憶力不好」的負面暗示，二是沒有掌握系統性的記憶方法。

　　我時常聽到有人這麼說：「我就是記憶力不好，總是記不住。」、「我從小記憶力就差，已經沒有辦法改變了。」、「我一想到要背就感到害怕，大腦就運轉不過來了。」還有家長為了孩子來找我，一開口就先罵孩子：「我的孩子就是記憶力不好，剛記完轉身就忘了。」、「我的孩子只要稍微花點心思好好記住，成績也不至於太差。」

　　其實很多人不知道，正是這些負面評價和暗示，才導致自己或孩子的記憶力越來越差。語言帶來的殺傷力，有時比對身體的傷害還重，因為它是無形的。

每當我看到家長當著孩子的面，跟我抱怨孩子的記憶力多差、如何令他頭疼時，我看到的不是孩子無助、委屈的神情，就是一臉無所謂的自暴自棄。如何讓一個對自己已經失去信心的人進步？想提升記憶力，首先要停止負面暗示。

好的記憶力可以透過後天訓練獲得，我就是一個實實在在的例證。我並不是在被貼上「世界記憶大師」的標籤後，就一躍成為記憶強人，而是透過正確的訓練，不斷練習才獲得如今的能力。

我始終相信，任何一種能力的形成，都須經歷刻意練習。

愛因斯坦認為，成功＝艱苦勞動＋正確方法＋少說空話。記憶方法並沒有那麼神奇，也不需要特殊的天賦，任何人經過刻意練習，都可以提升相關能力。

5 考前抱佛腳，
有人就是特別強

　　想判斷記憶力的好壞，須從四個方面衡量（見下頁圖表 1-5）：

　　一是記憶的敏捷性，即記憶的速度。以背古詩為例，有的學生讀幾遍就可以記住，有的學生花 2 小時都記不住，這是速度的差異。

　　二是記憶的持久性，即記得的時間長短。有些人「臨時抱佛腳」的能力很強，在考試前可以迅速的記住許多單字、文章，但在考試後便很快遺忘；有些人記住事情後，過幾個月、幾年都不會忘記，後者的持久性就較高。

　　三是記憶的準確性，即對記憶內容的還原度。單字記錯一個字母、古詩記錯一個字、中文字記錯偏旁，在考試時就容易失分。想當上世界記憶大師，其中一項指定基準是 1 小時內正確記超過 1,000 個隨機數字，不能出錯，這就是考察準確性。

　　四是記憶的快速提取性，即能不能根據需要，快速而準確的提取資訊。明明見過的人，再見面時，卻記不起對方的名字，無法馬上說出口；背得滾瓜爛熟的詩句，別人說了上一句，你卻遲遲無法接下一句，就是不能快速和及時的提取資訊。

　　這四個方面相互有關聯、缺一不可。

圖表 1-5　衡量記憶力好壞的四個標準

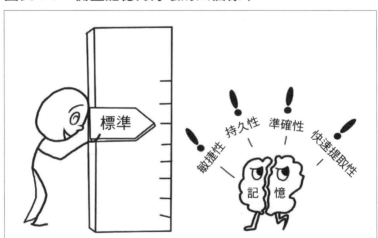

6 記憶大師出考題，測測你的功力

　　你對自己的記憶力滿意嗎？在正式開始學習記憶法前，先了解一下自己的記憶力，才能做到心中有數。

　　測試完後，即使你的測試結果不太理想，也不必灰心喪氣，因為本書的作用就是讓記憶能力變成優勢能力；如果你的測試結果非常好，恭喜你，透過本書能更進步。

　　測試結果只有自己知道，請誠實的面對自己。現在請騰出 30 分鐘，找到一個安靜的地方，靜下心來，開始測試吧！

一、詞語記憶測試

　　請在 2 分鐘之內記憶下頁上方表格中的 30 個詞語。回憶書寫時間：5 分鐘。記憶後請蓋住原文，回憶詞語，並填在下頁下方表格中的相應空格裡。寫完後，請對照原文，填對 1 個得 2 分。

筆記本	衣櫃	瓜子	藍天	滑鼠
洗衣機	鳳梨	球場	白骨精	望遠鏡
行李箱	麵包	鏡子	投影機	插座
醫生	玻璃	南湖	企鵝	眼睛
夜色	錘子	咖啡	耳機	羞澀
列車長	結構化	樓梯	埋伏	相聲

得分：_____分。

二、數字記憶測試

請在 2 分鐘內記住下頁上方 40 個數字，然後蓋住原文，在 5 分鐘內寫出數字。填對 1 個得 1 分。一定**要按照順序，若中間有數字記錯，後面都不算分。**

```
5 4 1 2 3 6 7 4 2 9
1 2 5 5 6 1 4 7 5 1
1 4 5 0 9 2 5 1 4 5
6 2 8 2 6 4 8 1 5 0
```

　　記住了嗎？請把 40 個數字按照順序，填在下面的橫線上。

_____

_____

_____

_____

　　得分：＿＿＿分。

三、電話號碼記憶測試

　　請在 2 分鐘內，記住下頁上方表格中的 5 組虛構電話號碼，要一一對應，完全答對才能得分。

　　記住了嗎？請在下頁下方的表格中填寫對應的電話號碼，填對 1 個得 8 分。回憶書寫時間：5 分鐘。

單位	電話號碼
便利商店	58931207
郵局	26540314
海鮮市場	98003145
民政局	73260950
教育局	88536476

單位	電話號碼
便利商店	
郵局	
海鮮市場	
民政局	
教育局	

得分：＿＿＿＿分。

四、歷史事件記憶測試

下頁上方的表格是 8 個歷史事件和對應年分，用 2 分鐘記下來，然後寫出每個事件對應的年分。

記住了嗎？請在下頁下方的表格中寫出歷史事件對應的發生日期，填對 1 個得 5 分。

歷史事件	年分
法國大革命爆發	1789
德國發明家古騰堡發明活字印刷術	1454
俄國十月革命	1917
拿破崙稱帝，法蘭西第一帝國開始	1804
《共產黨宣言》發表	1848
美國時任總統尼克森訪中	1972
歐洲聯盟建立	1993
女性初次獲得大學學位	1840

歷史事件	年分
美國時任總統尼克森訪中	
法國大革命爆發	
拿破崙稱帝，法蘭西第一帝國開始	
歐洲聯盟建立	
女性初次獲得大學學位	
德國發明家古騰堡發明活字印刷術	
俄國十月革命	
《共產黨宣言》發表	

得分：_____分。

五、字母記憶測試

請在 2 分鐘內記憶以下 32 個字母，然後蓋住原文，在 5 分鐘之內默寫出來。一定要按照順序，若中間有字母記錯，後面的都不算分。填對 1 個得 1 分。

你記住了嗎？請把 32 個字母按順序填在下面的橫線上。

y	s	j	c	x	o	p	r
c	e	k	j	a	z	u	f
t	m	c	x	e	i	w	z
r	g	s	y	d	h	q	p

_____

_____

_____

_____

得分：_____分。

測試總結

測試項目	你的得分	滿分（分）
詞語記憶		60
數字記憶		40
電話號碼記憶		40
歷史事件記憶		40
字母記憶		32
總分		212

測試結果評估

　　人容易對考試感到緊張，你現在可以放鬆了。

　　大部分的人可得到 40 至 80 分。如果你的分數為 120 至 160 分，代表你的記憶力還不錯，但不要沾沾自喜，因為學會記憶法的人，得分為 180 至 212 分。

馬上就能用的記憶訣竅

　　1.「記」是「憶」的前提，「憶」是「記」的驗證。

　　2. 衡量記憶力好壞的四個標準：敏捷性、持久性、準確性、快速提取性。

3.記憶就像肌肉，是可以鍛鍊的，透過刻意練習，每個人都能掌握快速記憶的方法。

4.克服記得快、忘得快的祕訣，就是不僅學會記憶方法，還須有規律的複習。

第 2 章

打造最強基本功

1 不識字的奶奶，
拿下國際記憶比賽第三名

前文提過，右腦在高效記憶中很重要，原因在於右腦是想像力的所在，而**學好記憶方法的關鍵就在於豐富的想像力**。在記憶法的訓練過程中，關於想像力的訓練也是占比最高的。想像力就是創造一個念頭，或用思想畫圖的能力。用思想畫圖就是在腦海中呈現圖像，而快速記憶的關鍵就是**透過形象記事物**。你想像畫面的速度越快、圖像越清晰，記的速度就越快。

例如，背英語單字「tree」（樹）時，若能在腦海中把樹的圖案和單字結合起來，就記得更牢固。

　　我們先來玩一個想像力的小遊戲（可以找朋友唸以下這段文字，你放輕鬆，閉上眼睛，跟著做）：

　　請深呼吸與吐氣 3 次，感受自己的一吸一吐。吸氣⋯⋯吐氣⋯⋯吸氣⋯⋯吐氣⋯⋯讓你的意識都回歸到呼吸上，專注於你的呼吸，心慢慢的平靜下來。

　　接著，請你慢慢的伸出左手，動一動手指頭，然後掌心朝上，想像你的左手手掌上放著一個檸檬，讓你的意識專注在檸檬上——掌心能不能感受到它表皮的溫度？是溫暖的，還是冰冰的？

　　繼續看著（想像中）掌心上的檸檬，看看它的顏色、皮的褶皺；接下來伸出你的右手，摸一摸檸檬，感受它的觸感；再把鼻子湊上去聞一聞。你能想像這顆檸檬，被陽光和雨水的滋潤、被農民伯伯精心照料的畫面嗎？

　　最後想像右手拿著水果刀，把檸檬切成兩半，拿起一半舔一舔，你的口腔有分泌唾液，或有酸得起雞皮疙瘩的感覺嗎？

　　好了，遊戲結束。你的腦海中能浮現這一系列畫

面嗎？如果可以，證明你的想像力還不錯。好的想像力能令人有身臨其境的感覺。

愛因斯坦說過：「想像力比知識更重要，因為知識是有限的，而想像力概括著世界上的一切，推動著進步，並且是知識進化的源泉。」

有人可能會說：「我就是想像不到畫面，怎麼辦？」技巧就只有兩個字：訓練！多多訓練，熟能生巧，你也可以擁有這種「天賦」。

我的奶奶沒有讀過書，卻拿到 2015 年世界腦力錦標賽樂齡組單項銅牌。學習記憶法鍛鍊了奶奶的想像力，她現在經常和鄰居講述她比賽的經歷，手舞足蹈、抑揚頓挫，把大家逗得捧腹大笑。如果她腦海裡沒有畫面，是描述不出來的。七旬老人透過鍛鍊都能提高想像力，我們肯定練得更好。

2 長串數字怎麼記？編碼

　　世界上須記憶的內容很多，不過，方法萬變不離其宗。

　　前文提到，記憶法是一種技能，就像游泳、開車、彈鋼琴一樣。當我們學會游泳後，可以在游泳池裡游，也可以在河裡、海裡游，無論環境變化，游泳技能都是有用的。同樣的，當你學會記憶法後，無論是記數字、詩文、單字，還是其他的內容，效率都更高。

　　數字記憶訓練是適合入門和推廣的訓練。記憶數字，首先要熟記數字編碼。數字編碼是把數字 0 至 99 編制成對應的圖像（見第 47 頁圖表 2-1）——看到對應的數字，腦海中就浮現對應的圖像。

　　這些編碼是藉由諧音、象形、特殊意義三種方式轉換而成：

　　・**諧音**：根據數字的同音或是相近發音，把抽象的數字轉化成圖像。例如，02 的諧音是「鈴兒」、15

的諧音是「鸚鵡」、27 的諧音是「耳機」、46 的諧音是「飼料」。

- **象形**：根據數字的外形想到圖像。例如，10 的形狀像「棒球」、11 的形狀像「筷子」。

- **特殊意義**：根據數字代表的特殊意義來聯想圖像。例如，24 的編碼是「鬧鐘」，因為一天有 24 小時；38 的編碼「婦女」代表三八婦女節；51 的編碼「工人」代表五一勞動節等。

這 100 個編碼對應的圖像，基本上都是我們生活中常見的，如果有些編碼你從來沒見過或總記不住，可嘗試換成自己熟悉的（看見數字就聯想到的圖像）。但盡量不要大量更換，建議先模仿再超越。

接下來，你可以每天記 10 至 20 個編碼，帶著你的家人或朋友一起挑戰，互相考一考。良好的學習氛圍可促進記憶，甚至增進感情。

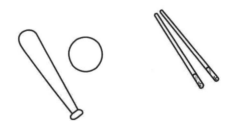

圖表 2-1　數字編碼表

01 小樹	02 鈴兒	03 三角凳	04 汽車	05 手套
06 手槍	07 鋤頭	08 溜冰鞋	09 貓	10 棒球
11 筷子	12 椅兒	13 醫生	14 鑰匙	15 鸚鵡
16 石榴	17 儀器	18 腰包	19 藥酒	20 香菸
21 鱷魚	22 雙胞胎	23 和尚	24 鬧鐘	25 二胡
26 河流	27 耳機	28 惡霸	29 餓囚	30 三輪車
31 鯊魚	32 扇兒	33 星星	34 紳士	35 山虎
36 山鹿	37 山雞	38 婦女	39 三角板	40 司令
41 司儀	42 柿兒	43 石山	44 蛇	45 師傅
46 飼料	47 司機	48 石板	49 溼狗	50 武林盟主
51 工人	52 鼓兒	53 烏紗帽	54 武士	55 火車
56 蝸牛	57 武器	58 尾巴	59 蜈蚣	60 榴槤
61 輪椅	62 牛兒	63 硫酸	64 螺絲	65 尿壺
66 蝌蚪	67 油漆	68 喇叭	69 料酒	70 冰淇淋
71 機翼	72 企鵝	73 旗杆	74 騎士	75 西服
76 汽油	77 機器人	78 青蛙	79 氣球	80 巴黎鐵塔
81 白蟻	82 靶兒	83 芭蕉扇	84 巴士	85 寶物
86 芭樂	87 白棋	88 爸爸	89 芭蕉	90 酒瓶
91 球衣	92 球兒	93 舊傘	94 首飾	95 酒壺
96 舊爐	97 舊旗	98 酒吧	99 玫瑰	0 望遠鏡

按：一包香菸有 20 支，故 20 的編碼為「香菸」。

那麼該如何記住這些編碼？前文提到，想像力很重要，在說到數字時，腦海中要有對應編碼的清晰圖像。而要做到這一點，有以下關鍵：

・**熟悉**：數字編碼的圖像最好是自己熟悉的。例如記「05 手套」時，可想像自己心愛的手套，因為人面對自己熟悉的事物記得更快。

・**五感**：運用視覺、聽覺、嗅覺、味覺、觸覺感受每個編碼。例如：「01 小樹」，看上去是綠色的（視覺）；一陣風刮過來，樹葉嘩啦啦的掉落（聽覺）；拿起一片樹葉聞一聞（嗅覺）；舔一舔（味覺）；用手放在樹幹上摸一摸（觸覺）。當然，不須對每個編碼都代入五種感受，但一個編碼至少代入兩、三種，如此一來，你才會發現編碼不再是平面的圖像，而是立體的、有生命力的。

・**找特徵**：找到每個編碼的特徵，更容易將圖像銘記於心。例如：「13 醫生」就可想像出「聽診器」的圖像；「34 紳士」可聯想到「高高的禮帽」；「51 工人」可聯想到「黃色安全帽」的圖像。抓取特徵能減輕大腦記憶和想像的負擔。

　　告訴大家一個跟數字編碼成為親密朋友的祕訣：
晚上躺在床上睡覺前，複習當天記憶的編碼，每一個
編碼都仔細的回憶一遍，從視、聽、嗅、味、觸覺各
個感官感受編碼。

3 抽象文字轉圖像，過目不忘

透過學習數字編碼，我們已經初步懂得「將抽象轉化為形象」的技能，此後，就能將此技能推廣到文字記憶中。那麼，文字應該如何轉成圖像？

對於具象詞語，不必特意運用技巧，因為它們自帶圖像和特徵。例如：「雞蛋」、「欄杆」、「松鼠」、「砂石」，都能在現實中找到對應的物品圖像。對於抽象詞，例如：「強制」、「開心」、「提問」、「道德」、「輸送」，就要用到諧音、代替和增減倒字的技巧來想像。

・**諧音**：例如，「強制」這個詞，從諧音可想到「槍支」或「牆紙」。

・**代替**：例如，「開心」可以用笑臉圖像代替；「提問」可用問號代替，如果想再增加畫面感，可想像用手提著問號。

・**增減倒字**：將須記憶的詞語增加或減少一個字，

或將兩個字倒過來，例如，「道德」增加一個字，想到《道德經》這本書；「輸送」倒過來，轉化為「送書」這個詞。

　　透過以上技巧，可更順利的把不容易想像的文字轉換成圖像。注意，在**學習的過程中要先理解，再轉換成圖像**，而且後期也要還原成本來的文字，這才是完整的記憶過程。

　　我建議，當看到抽象詞時，先考慮代替（包括象形代替、美食代替、特殊意義代替、特徵代替等）和增減倒字（例如信用→信用卡），因為這兩種技巧通常不容易改變原來的意思，而諧音通常會改變原意。

　　以下提供三張訓練表（見第 52 至第 55 頁圖表 2-2 至 2-4）。

　　你的訓練目標是，看見詞語後馬上聯想對應的圖像，不用背，只練習想像圖像的速度和清晰度。

　　難度是一步步升級的，20 個詞語為 1 組，每天訓練 3 至 5 組，1 至 2 週後你會發現想像力大幅提升。

圖表 2-2　具象詞訓練表

問號	冰棒	列國	國王	白菜
信用卡	汽車	金子	山鹿	箱子
彩券	碗筷	茶几	圍裙	靴子
輕舟	糯米	棺材	橋墩	拱門
穴位	鐵絲	皮鞋	練習本	天鵝
足球隊	嘴臉	接力棒	獎狀	教科書
蠟燭	花園	獎盃	垃圾桶	人參
直尺	棉花	遊樂場	面具	煤炭
專輯	加油站	白紙	保鮮膜	橘子
郵局	信箱	郵票	絨毛	襯衫
旗子	地毯	蜜餞	爪子	臺階
背包	水井	螺紋	腳印	麵條
鴿子	借據	辣椒醬	紗布	銅牌
黃豆	蒜頭	便當	雷陣雨	除草劑
礦泉水	動脈血	大鍋飯	地面水	化妝包
玻璃板	矽橡膠	變壓器	紀念碑	殘疾人
籃球架	暴風雪	水滴石穿	馬丁靴	螳螂
月餅	大巴士	年糕	刀片	水彩顏料

（續下頁）

直角	黃酒	賽車手	跳繩	盾牌
活蹦亂跳	瓷磚	賭錢	群島	東北虎

圖表 2-3　抽象詞訓練表

階級	凌亂	發布	自由	培養
聯邦	分布	修理	昏暗	唯一
預算	因為	組成	無論如何	感悟
祥和	特定	既然	管理	內部
著手	勇敢	全部	財產	命令
恰當	請求	非凡	檢索	能量
爭取	條例	學術	幸運	經貿
慶祝	北方	獨自	意志	趨勢
誤會	真實	借鑑	環境	悔意
濃縮	過程	權益	軌跡	參數
青春	逐漸	主見	自覺	公告
例如	強迫	文化	知道	損失
隱瞞	抱怨	配合	抒情	符合
忍受	簡介	示範	政策性	正反面
群眾	協議書	社會	戲劇性	一等

（續下頁）

專業化	豐衣足食	共同奮鬥	管理方式	粉飾太平
高人一等	掛念	成效	綱領	離開
速度	孤注一擲	全然不知	美觀大方	棲身之地
普遍意義	牽強	符合	南征北戰	輕重緩急
弄虛作假	卻之不恭	矛盾加劇	如獲至寶	平步青雲

圖表 2-4 隨機詞語訓練表

曖昧	見面	漫天	納悶	對偶
保全	長江	留守	軍事優勢	注意
將軍	自薦	遠大	信服	雙重身分
揭露	水利	偵察	指標	凌雲壯志
公路	配置	挑釁	密碼鎖	毒癮
老黃牛	廢品	土壤	七上八下	雲霞
賤賣	教學	立方公尺	腐蝕劑	抨擊
制服	虎頭蛇尾	索然無味	週年慶	保存實力
螢光粉	雜費	跳馬	景德鎮	露天煤礦
度量	斑岩	隨遇而安	拮据	姿勢
科學院	皮球	通貨	感情	自信心
趕不上	零配件	委員	責問	碳化物

（續下頁）

乾燥機	酸甜苦辣	活動	自尊	壯族
中秋節	凸透鏡	顛倒是非	偏離	具備條件
元曲	巴西	服裝節	經營權	接壤
眺望	婚姻自由	獨闢蹊徑	注重	半邊天
發現	原子彈	松柏	睹物思人	雜貨
任務	貨幣流通	歡天喜地	整潔	嘔吐
是非	療養院	倔頭倔腦	月報	條紋衫
士兵	司機	印刷廠	北京	平平無奇

馬上就能用的記憶訣竅

　　1. 提升記憶力的基礎：想像力、觀察力、注意力。

　　2. 可以借助數字編碼來訓練想像力。

　　3. 抽象文字轉圖像的關鍵是**「鞋帶增減」**（諧音、**代替、增減倒字**）。

第3章

聯想法，
串起零散訊息

1 聯想不需要學，與生俱來

　　聯想是與生俱來的一種能力。大腦接收到聲音、顏色、氣味、觸覺的刺激，都會引起聯想。例如，看見紅色想到「禁止」；看到綠色想起環保、森林；看到白鴿想到和平；看到老鼠想到貓等。

　　世間的萬事萬物都不是孤立存在的，各種事物之間都有著千絲萬縷的聯繫。而聯想可以在資訊與資訊之間搭起橋梁，讓回憶更加通暢。

　　我們時常須記憶互相之間似乎沒有什麼關聯的內容，例如：三十六計、中國 56 個民族、各個國家的國旗等。如果只是單獨記其中一個內容，並不太困難，但若要將全部內容一個不漏，甚至按照一定的順序記下來，就很不容易。聯想就像鑰匙圈串起鑰匙一樣，串起這些零碎的知識，讓記憶和回憶都變得更輕鬆。

2 合二為一：從兩個詞語開始

　　如何使用聯想這一技巧來串起零碎的知識？我們從最簡單的兩個詞語聯想開始。給自己 1 分鐘的時間，用「石榴」和「油漆」來聯想，看看你能聯想出多少種不同的方式。開始！

　　可以把你的想法寫下來：

_____。

　　你可能聯想到：石榴剝開全是油漆；在石榴上面刷油漆；石榴籽全都變成了五顏六色的油漆顏色；石榴榨出的汁水都是油漆。

　　這幾種聯想很有想像力，但還可以更生動。以下我們來看兩個聯想的技巧。

1. 主動出擊

　　例如，「大樹」和「汽車」，可以想像大樹倒下

壓住了汽車，或汽車撞到大樹樹幹。

又如，「鋤頭」和「白蟻」，可以想像鋤頭把白蟻的窩挖爛了，導致成千上萬的白蟻都跑出來了；也可以想像密密麻麻的白蟻爬滿了鋤頭的手柄，讓人覺得毛骨悚然。

2. 合二為一

兩個事物組合在一起，可變成一個新的東西，例如，如何聯想「青蛙」和「手機」？以前有兩個學生的聯想讓我印象深刻：

‧學生 A：因為媽媽很粗心，手機經常掉到地上，摔碎螢幕，所以發明一種手機，手機的外殼結合青蛙的彈跳能力，每次手機掉到地上，都自動彈跳回主人的手裡。

‧學生 B：蚊子很愛來吸自己的血，所以發明一種手機，結合青蛙用舌頭吃蚊子的特性，只要蚊子靠近主人半公尺範圍內，就可以被手機感知，消滅蚊子。

不得不說，孩子的創造力真是厲害，他們把兩個事物的特性結合在一起，創造出新的事物，這就是運用了合二為一的技巧。

現在再回頭看「石榴」和「油漆」的聯想案例，還可以變得更生動嗎？以下是一些參考範例：

想像用石榴砸油漆桶，砸出了一個七彩的洞（因為油漆有各式各樣的顏色）；石榴變成石榴形狀的炸彈，把油漆桶炸得油漆亂噴；油漆的顏色想到彩虹橋，坐在彩虹橋上吃石榴；想像一個油漆桶形狀的石榴，剝開後裡面的石榴籽有各式各樣的顏色，把石榴籽都「刷」在牆上。

現在，換你試著聯想其他詞語：

1. 足球、棒球。
2. 醫生、鑰匙。
3. 鸚鵡、香菸。

小提醒：聯想不分對錯，你只須大膽的想像就可以了。以下是一些參考：

1. 足球、棒球

· 棒球的棒子插進足球，把足球炸了。

· 棒球飛出來的時候變成了一顆炸彈，飛進了足球裡面一起爆炸。

· 由足球可以想到足球員貝克漢(David Beckham)，想像他厲害到可以一邊踢足球，一邊打棒球。

· 把棒球的棒子和足球組合在一起，融合為一個足球棒棒糖。

2. 醫生、鑰匙

· 鑰匙插進了醫生的白色醫師袍裡。

‧ 醫生拿著鑰匙開門。

‧ 鑰匙變成針頭，醫生拿起針頭打針。

‧ 從鑰匙想到門，醫生被夾在門縫裡動彈不得。

‧ 醫生隨身攜帶的鑰匙既可以開門，又可以幫病人打針。

3. 鸚鵡、香菸

‧ 鸚鵡的爪子抓著香菸。

‧ 鸚鵡抽著香菸。

‧ 想像香菸變成一團火，把鸚鵡燒得光禿禿。

‧ 從鸚鵡想到鳥籠，想像鳥籠的籠竿是一根根的香菸。

‧ 香菸的菸嘴變成了鸚鵡的嘴（鸚鵡牌香菸）。

3 記多個詞語時，要注意順序

一、5 個詞語聯想練習

請根據以下 5 個詞語來聯想，此時要**注意它們的順序**：

三角板、舊旗、石山、奧運會、棒球。

再讀一遍你聯想的內容，然後遮住詞語和聯想內容，嘗試按照順序回憶這 5 個詞語。你可以想起來嗎？

以下，再來看看關於這 5 個詞語的聯想參考：

三角板劃破了一面舊旗子，舊旗子插到石山的頂峰，石山對面正在舉行奧運會，奧運會場上的選手正在比賽打棒球。

認真看完聯想參考，並在腦海中想像畫面後，再嘗試按照順序回憶這 5 個詞語。你可以想起來嗎？比

較你的聯想內容和聯想參考內容，想一想怎麼聯想更有助於你記住詞語。

　　以下我們來做幾組訓練。請你準備一個碼錶，記錄聯想完成並回憶出一組詞語的時間。

　　小提醒：聯想的目的是記住詞語，一定要在保證準確率的基礎上，再追求記憶的速度。

小練習

- 尾巴、婦女、山虎、蝌蚪、工人。
- 溜冰鞋、鸚鵡、儀器、酒吧、白蟻。
- 鑰匙、三言兩語、兒童、加溼器、嫦娥。
- 武術、別墅、葫蘆、主子、暗自竊喜。
- 演說家、徒步、明顯、腰包、八卦。
- 鋪天蓋地、蘑菇、冥想、蝌蚪、心事。
- 印度、舊傘、一蹶不振、愛心、李白。
- 大腦、滑鼠、塞車、垃圾、能源。
- 被子、蝸牛、發奮圖強、白紙、線頭。
- 熱水袋、湖邊、便利商店、秋高氣爽、青蛙。

二、10 個詞語聯想練習

如果你可以在 20 秒內背下 5 個詞語,就可以進階到 10 個詞語的聯想了。10 個詞語的聯想難度較高,因為超過 7 個資訊。山頂的景色固然美,但爬山的過程是艱辛的,普通人在半山腰就放棄了,缺乏堅持的精神。加油,我相信你!

請聯想以下 10 個詞語,用碼錶計時:

蚊子、水井、大霧、莊稼、餃子、救援、電視、高科技、馬路、勤奮。

同樣的,請看看聯想參考,並且思考一下自己的聯想有哪些優點和不足:

蚊子掉到水井裡,水井裡起了大霧,大霧中農民伯伯打理莊稼,顧不上吃餃子,餓昏了倒在地上,有人打了救援電話。電視裡正在為一個高科技產品打廣告,說可以讓馬路上勤奮工作的清潔工節省時間。

當詞語增加到 10 個,你在聯想時可能會有這樣的

感受：有點緊張，想快速記住（尤其在碼錶計時的情況下）。記到一半又擔心先前背的忘了，想著要不要先回去複習一下，再往後記憶，但又擔心時間花得太多。還有一些抽象詞語，想半天也無法想到圖像⋯⋯有這些想法是正常的。

　　出現問題時不要著急，認真想清楚每個聯想的細節，讓腦海浮現出清晰的圖像，不要為了追求速度而忽略聯想的品質。除此之外，保持平穩心態，以平均的速度來記憶也很重要，不能太快，也不能太慢，在練習的過程中慢慢找到適合自己的節奏。

小練習

　　‧插座、門縫、灰姑娘、彩色筆、太陽、明朝、地板、金碧輝煌、重生、偶遇。

　　‧明星、朝霞、馬鈴薯、十面埋伏、橋梁、和諧、頭髮、佳偶、陌生、表情。

　　‧週末、時尚、搖頭晃腦、燈、毛毛蟲、豆腐、笑裡藏刀、綠樹、健身、蝴蝶犬。

　　‧髮絲、矛盾、對聯、農家小院、榴槤、杯中酒、愛莫能助、少年、衣櫃、鴨子。

‧不拘一格、風水、香菸、購物、方案、老年、巴黎鐵塔、地震、旅客、墨水。

‧三心二意、森林、德芙巧克力、貨物、緣分、火車、羊肉、磨合、沙漏、大男人。

‧春風、風度、蚊蟲、大叔、條例、地鐵、降火、徒步旅行、朝拜、記者。

‧回家、手腳僵硬、遙控器、參考書、沙子、偶像、財務、雜誌、彆扭、暗度陳倉。

‧建設、花園、朝氣蓬勃、尷尬、字典、生活、泥潭、一字千金、眾生、機器人。

‧礦泉水、無助、詩詞、城池、思念、珍珠、感激、比賽、萬馬奔騰、大樹。

三、20 個詞語聯想練習

如果你可以在 1 分鐘內背下 10 個詞語，就可以進階到 20 個詞語的聯想了。同樣的，一定要在確保準確率的基礎上，再追求記憶的速度。

小練習

‧宵夜、雷陣雨、笑臉、高鐵、蓬鬆、青年、專

櫃、僻靜、碌碌無為、隊伍、圓桌、滋味、圓規、降溫、獨立、聽課、掌櫃、把手、聯絡員、法寶。

・小說、司機、摘花、振作、快遞、岩石、軟糖、臭小子、流量、雙胞胎、素質、生肖、相聲、雪中送炭、酸甜苦辣、苦瓜、郵寄、熱氣球、安全帽、果核。

・母女、創造、結局、生薑、祖師爺、富貴花開、醫院、爭相搶購、屁股、保守、司令、鄰居、腳、脈動、芳香、試卷、整齊、年長、網路、脾氣。

・天氣、鴨蛋、四季、團結、造車、花草樹木、跋涉、泥鰍、交接、公車、超市、手錶、積極、立方公尺、太陽、通電、天然氣、土地、顏色、側身。

・租界、專門、優勢、方針、留職停薪、郵差、水深火熱、自己、掌控、靈機一動、保全、包頭、早熟、包租婆、詩佛、葉子、中文系、主持、危險、紫薇。

・照耀、地球、家長、保險、白鹿、停電、有機體、不相上下、法國、蘋果、別出心裁、波光、膠水、賺錢、短褲、時尚、福利、炮彈、主持、做夢。

・松鼠、搬家、閉眼、保護區、端莊、配戴、規矩、地震、生龍活虎、商人、姑姑、平等、自由、碰見、六神無主、花椒、鐵拳、自導自演、雌雄、破產。

‧雲南、天使、不相上下、酸辣粉、字典、紅薯、一顆、轉讓、狀元、醬油、保姆、火上澆油、電話會議、真金白銀、游泳、獨自、十一、石油、院士、平凡。

‧八面玲瓏、鐵塔、鍋子、凹透鏡、百分率、健將、招攬、竹子、畫畫、裁判、貧寒、原料、眼鏡、披薩、章魚、珍珠、湖面、地質年代、汙染、發芽。

‧可憐、莊稼、習慣、有錢人、機械、辦事、不修邊幅、白菜、領導、水滴、智能、黑漆漆、二師兄、交談、山東、指紋、菊花、賽事、情不自禁、樓房。

4 腦中快速配對的方法

在生活和學習中，許多資料是**成對出現**的，此時，可以採用 2 個詞語的**配對聯想法**來記。例如，人名和面孔、詩人與朝代、作家和作品、山峰和高度、地區和氣候、省分和簡稱、歷史年代和事件、十二地支和十二生肖等。

具體步驟如下：

1. 圖像化：分別把 2 個資訊轉化成圖像，不能直接圖像化的資訊，要運用前面學習的「鞋帶增減」（諧音、代替、增減倒字）技巧。

2. 連結：把 2 個圖像資訊聯繫起來，盡量簡潔、有趣、生動。

3. 複習：閉眼回憶連結 2 個訊息。

一、記憶詩人的稱號

詩人	稱號
李白	詩仙
杜甫	詩聖
陳子昂	詩骨
賀知章	詩狂
孟郊	詩囚
王維	詩佛
白居易	詩魔
蘇東坡	詩神
劉禹錫	詩豪

以下是聯想參考：

詩人	稱號	聯想
李白	詩仙	李白寫的詩都很浪漫，他喜歡穿著一身白色的衣服，仙（詩仙）氣飄飄的。
杜甫	詩聖	杜甫憂國憂民，但他很窮，每天只能吃剩（聖）下來的豆腐。
陳子昂	詩骨	一顆橙子昂起頭（陳子昂），嘴裡叼著一根骨頭（詩骨）。
賀知章	詩狂	在祝賀他人的卡片紙張（賀知章）上用狂草字體（詩狂）寫字。

（續下頁）

孟郊	詩囚	囚犯（詩囚）做夢夢到在郊外逃竄（孟郊）。
王維	詩佛	如來佛祖（詩佛）圍上圍巾（維）。
白居易	詩魔	想練好魔術方塊（詩魔），真的很不容易（易）。
蘇東坡	詩神	東坡肉（蘇東坡）真是永遠的神（詩神）。
劉禹錫	詩豪	為了吃到生蠔（詩豪），不惜把皇上的玉璽（禹錫）賣掉。

請你遮住前面的內容，嘗試一下回憶詩人與稱號之間的對應關係吧！

詩人	稱號
李白	
	詩聖
	詩骨
	詩狂
	詩囚
王維	
	詩魔
蘇東坡	
劉禹錫	

二、記憶文學中的「第一」

資訊 1	資訊 2
第一位女詩人	蔡琰（文姬）
第一部紀傳體通史	《史記》
第一部詞典	《爾雅》
第一部大百科全書	《永樂大典》
第一部文選	《昭明文選》
第一部詩歌總集	《詩經》
第一部散文集	《尚書》
第一部字典	《說文解字》

以下是聯想參考：

資訊 1	資訊 2	聯想
第一位女詩人	蔡琰（一ㄢˇ）	第一位女詩人做菜喜歡放很多鹽。
第一部紀傳體通史	《史記》	一隻雞轉了轉身體，就拉屎了。
第一部詞典	《爾雅》	一位耳聾口啞的人翻看詞典學習。
第一部大百科全書	《永樂大典》	只要喝了加大版的百事可樂，就可以永遠快樂。
第一部文選	《昭明文選》	蚊子都會飛向照明強的地方。

（續下頁）

第一部詩歌總集	《詩經》	把詩的精華都集合在一起。
第一部散文集	《尚書》	出去散步的時候寫了一篇文章，沒想到還登上了書刊雜誌。
第一部字典	《說文解字》	第一本字典就是用來解說文字的。

請你遮住前面的內容，來測試一下自己的記憶準確率：

資訊 1	資訊 2
第一位女詩人	
第一部紀傳體通史	
第一部詞典	
第一部大百科全書	
第一部文選	
第一部詩歌總集	
第一部散文集	
第一部字典	

三、記憶十二地支和十二生肖

十二地支	十二生肖
子	鼠
丑	牛
寅	虎
卯	兔
辰	龍
巳	蛇
午	馬
未	羊
申	猴
酉	雞
戌	狗
亥	豬

以下是聯想參考：

地支生肖	轉化圖像	聯想參考
子一鼠	紫薯	可以想像一個紫薯。
丑一牛	醜牛	有一頭牛長得太醜（眼睛和牛角很小），農夫都嫌棄牠。

（續下頁）

寅—虎	銀虎	屬虎的人家裡都有一尊用銀子打造的老虎雕像。
卯—兔	帽兔	用帽子去抓兔子，一蓋上就抓到。
辰—龍	乘龍	你每天乘坐的公車變成一條飛舞的龍，把你嚇得半死。
巳—蛇	四腳蛇	所有的蛇都變異，長出來四隻腳（像壁虎）。
午—馬	跳舞的馬	馬場裡的馬一聽到音樂就會跳舞。
未—羊	餵羊	每天都須把羊趕到山坡上，餵牠們吃草。
申—猴	生猴	每天嚷嚷著要「給你生猴子」（按：「我要給你生猴子」為中國的網路流行語，意思是「我要給你生孩子」，指喜歡一個人，願意為其產出愛的結晶）。
酉—雞	郵寄	郵寄一隻雞給你吃。
戌—狗	噓！狗！	「噓」，小聲點，小心有惡狗出沒！
亥—豬	海豬	海裡面的動物都變成了豬。

請你遮住前面的內容，來測試一下自己的記憶準確率：

十二地支	十二生肖
子	
丑	
	虎

（續下頁）

		兔
	辰	
		蛇
	午	
	未	
		猴
		雞
	戌	
	亥	

四、記憶選擇填空題

1.造紙術是中國四大發明之一，東漢所造紙張中有以造紙術發明家命名的「蔡侯紙」，而蔡侯是指（　　　）。

　　A. 蔡襄　　　B. 蔡倫　　　C. 蔡沈　　　D. 蔡邕

記憶思路：將題目中的「蔡侯紙」聯想成吃菜的猴子，答案 B「蔡倫」聯想成菜和輪胎，想像一隻猴子每天吃很多菜，菜要用輪胎很大的車才能運過來。

2. 下列選項中，被後世尊為中國農耕和醫藥始祖的是（　　　）。

A. 神農氏　　B. 伏羲氏　　C. 燧人氏　　D. 有巢氏

記憶思路：題目中的農耕就可以聯想到鋤頭、醫藥就可以聯想到打針，答案 A「神農氏」就可以聯想到生龍活虎的樣子。想像一個人被鋤頭弄傷，但打針後就變得生龍活虎了。

3. 建立一般系統理論（General System Theory）的科學家是（　　　）。

A. 貝塔郎非　　B. 維納　　C. 夏農　　D. 普里高津

記憶思路：題目中的「系統理論」可聯想為「洗桶」，答案 A「貝塔郎非」可用諧音記成「被他浪費」，想像在洗水桶時「被他浪費了很多水」。

4. 流體的黏性與流體的（　　）無關。

A. 分子內聚力　　B. 分子動量交換　　C. 溫度
D. 速度梯度

記憶思路：題目中的「流體的黏性」可以聯想到鼻涕，答案 D「速度梯度」可以聯想到流鼻涕的速度。想像鼻涕的黏度和鼻涕流出來的速度沒有關係。

5 用故事串，
一次記多個資訊

前面提到 2 個資訊可以用配對聯想法連接。遇到須記憶多個資訊時，則可採取故事聯想法。

編故事的過程就是創造的過程，過程中你就是導演，情節如何編排、起承轉合如何銜接，都要經過你精心的設計。在運用故事法記憶時，最好把自己當成故事中的人物，跟你希望記住的資訊聯繫起來，身臨其境去感受故事中的細節。

故事聯想法要遵循以下原則：

· **簡單**：故事內容**不是越多越好**，跟關鍵資訊無關的內容就不要加進故事裡。如果不簡單，那麼後期在回憶故事情節時，過多資訊的干擾反而會導致記憶不準確。

· **有趣、生動**：呆板內容不會激起大腦的興趣，所以盡量讓故事充滿生氣和活力。想想如果有一天，

你走進教室看見所有人坐著的不是椅子，而是一頭頭張大嘴巴嗷嗷叫的小牛，是不是更有趣、好玩，且印象深刻？

　　·**形象化**：把抽象的資訊轉化成圖像，是非常重要的。

一、記憶文學常識

主題	內容	故事聯想
科舉考試	院試、鄉試、會試、殿試	祝願鄉親有一天會跟殿下見面，訴說自己參加科舉考試的心路歷程。
漢字的演變過程	甲骨文→金文→小篆→隸書→草書→楷書→行書	假的金子和鑽石被奴隸偷走，在草地裡開車逃跑，真行。
元曲四大家	關漢卿、馬致遠、白樸、鄭光祖	提取關鍵字「漢」、「馬」、「白」、「光祖」，然後編故事：光宗耀祖的漢子騎著一匹白馬。
元代四大愛情劇	《西廂記》、《牆頭馬上》、《拜月亭》、《倩女離魂》	馬上在牆頭把裝西瓜的箱子搬過來，我們要用西瓜祭拜月亮，這樣有錢的女人就不會離婚了。
北宋文壇四大家	王安石、歐陽修、蘇東坡、黃庭堅	黃色的亭子並不堅固，欄杆斷了，於是請來歐陽修理亭子，修完後便安心坐在石頭上，吃起白送（北宋）來的東坡肉。
初唐四傑	王勃、楊炯、盧照鄰、駱賓王	駱駝照鏡子看見了一隻羊，羊的脖子上還綁著一顆剛出爐的糖果。

二、記憶文科知識

主題	內容	提取關鍵資訊轉成圖像	故事聯想
影響海水溫度的因素	太陽輻射、蒸發、洋流	· 太陽輻射：太陽。 · 蒸發：水分蒸發出去。 · 洋流：取諧音「羊牛」，想像羊肉串、牛肉串。	你躺在海邊，晒著太陽蒸發身上的水分，還啃著羊肉串和牛肉串。
亞、歐分界線	烏拉爾山脈、烏拉爾河、裏海、大高加索山脈、黑海、土耳其海峽（連接黑海與地中海）	· 亞歐：鴨子和海鷗。 · 烏拉爾山脈、烏拉爾河：兩隻烏龜。 · 裏海：海裡。 · 大高加索山脈：搭樂高。 · 黑海：黑色。 · 土耳其海峽：土地。	鴨子和海鷗在水裡比賽，遇到兩隻烏龜在海裡搭樂高，搭完後爬上黑土地。

馬上就能用的記憶訣竅

1. 想記住相關的 2 個資訊時，可採取配對聯想法。

2. 想記住多個資訊時，可採取故事聯想法。

第 **4** 章

歌訣法，
知識琅琅上口

1 歌謠、口訣和順口溜

歌訣包括歌謠、口訣和順口溜等，因為歌訣具有韻律和趣味，琅琅上口，所以便於記憶。例如，許多學生在學到三角函數時，會利用「奇變偶不變，正負看象限」的口訣記公式，這比單純的死記硬背多了趣味性。

在日常生活和學習中，還有許多廣泛傳唱的歌訣，它們適合口耳相傳，即使是不識字的孩童和老人也能透過這些歌訣，記住大量的常識與典故。

不過，歌訣法也存在一定的缺陷——對於尚未被編成歌訣的內容，若使用歌訣法來記憶，須花費更多時間來思考如何編寫才能更琅琅上口。若編得不好、不全，就容易記錯或漏記。在本章中，我們就來學習如何使用歌訣法，記憶古典名著和歷史朝代。

2 默寫 19 部古典名著

內容	提取關鍵字	口訣
《東周列國志》、《西遊記》	「東西」	
《三國演義》、《水滸傳》	「三水」	
《桃花扇》、《紅樓夢》	「桃花紅」	
《官場現形記》	「官場」	
《儒林外史》	「儒林」	
《金瓶梅》	「金瓶」	
《喻世明言》、《警世通言》、《醒世恆言》	「三言」	東西三水桃花紅，官場儒林愛金瓶。三言二拍贊今古，聊齋史書西廂鏡。
《初刻拍案驚奇》、《二刻拍案驚奇》	「二拍」	
《今古奇觀》	「今古」	
《聊齋志異》	「聊齋」	
《史記》	「史書」	
《西廂記》、《鏡花緣》	「西廂鏡」	

記住了嗎？請自行默寫出這 19 部古典名著。

3 歷史朝代我這樣背

　　歌訣法還可以與抽象轉化成形象、故事聯想法一起使用，以大幅提高記憶效率。

　　中國上下五千年，朝代更迭，興衰更替。為了學好歷史，我們須記住各個朝代的名稱和順序。其中一個版本的歌訣如下：

　　夏商與西周，東周分兩段；春秋和戰國，一統秦兩漢；三分魏蜀吳，二晉前後延；南北朝並立，隋唐五代傳；宋元明清後，皇朝至此完。

馬上就能用的記憶訣竅

　　1. 歌訣法是把要記憶的內容變成有韻律的口訣，通常採取諧音法。

　　2. 歌訣法可以和抽象轉化成形象、故事聯想法一起使用，提高記憶效率。

第 **5** 章

背不起來，就用畫的

1 用繪圖法記古詩、古文

　　我想，大部分人都有過這樣的感覺：過去書本上學過的知識，已經難以記起具體的文字描述，但對書上的插圖還印象深刻。

　　例如，國中生物課本上那位肌肉發達的女人、國文課本上的杜甫畫像和魯迅照片……當我接觸了記憶法後，才恍然大悟──原來，這就是圖像的魅力。

　　你在本書第 2 章，藉由學習數字編碼，領悟到想像力和抽象轉化成形象的重要作用。但是我們對「形象」的了解還不夠深刻。

　　相比於在腦中描摹的畫面，現實中存在的形象，尤其是自己動手畫出的形象更能深入人心。繪圖法正是利用這一原理，將「抽象轉化成形象」。本章，我們就一起來學習，使用繪圖法記憶古詩、古文等內容。

2 用畫的，
小學生花 2 分鐘背一首

仔細看看下面的這張圖，你能猜出畫的是哪一首古詩嗎？

〈贈汪倫〉（唐）李白

是的，這幅畫畫的是李白的〈贈汪倫〉。

贈汪倫

（唐）李白

李白乘舟將欲行，忽聞岸上踏歌聲。

桃花潭水深千尺，不及汪倫送我情。

古詩是一種傳統的文學形式，其多用「起興」的表現手法，由外界環境引起作詩的興致，因此多帶有「意境」，容易聯想出畫面。

由於這種特質，繪圖法十分適合用於記憶古詩。具體來說，如何使用繪圖法來記憶古詩？我們須遵循以下 4 個步驟：

1. 通讀理解

先通讀全詩，理解詩詞的意思，以及詩人寫詩的背景和要表達的情感。

如果通讀、理解後已經可把詩背出來，就不須使用繪圖法；如果還是無法記住，就可接著做下面 2 個步驟，加深印象。

但無論是否使用繪圖法，都不能忘記最後一步的複習。

2. 提取轉化

提取是指提取關鍵字，而轉化是指將抽象轉化成形象。

有一些詞是抽象的，難以圖像化，就須用抽象轉化成形象的方法，例如，「汪倫」這個名字，就可以轉化成「網」和「輪胎」。

3. 連接回歸

畫完整首詩後，看著你畫的簡圖，嘗試背出全詩的內容。

如果可以做到，就把圖蓋上，看是否還能背出全詩。有地方卡住，代表記得不夠深刻，可以改變卡住的字詞的圖像，以加深印象。

4. 複習

我們難以避免會遺忘，因此無論你一開始記得多清楚，都須複習（運用遺忘曲線的概念來複習）。

記住，我們畫圖是為了輔助記憶，把阻礙我們記憶的字詞表達出來，所以不須追求完美。

　　在我的教學過程中，小學低年級的孩子最喜歡用
繪圖法來記古詩，快的學生花一、兩分鐘，就可背一
首古詩。有時我拿起他們的圖畫端詳，不知道他們畫
什麼，他們卻可以繪聲繪色的說明給我聽，並能把詩
一字不落的背下來。

　　此外，用繪圖法背古詩時，**可以暫時不用上色，
避免浪費時間**。如果時間比較多，再加上顏色和更多
圖，讓後期複習更加方便。

　　大家可先從簡單的詩入手，例如，以賈島的〈尋
隱者不遇〉來練習繪圖法：

尋隱者不遇

（唐）賈島

　　松下問童子，言師採藥去。
　　只在此山中，雲深不知處。

請畫出你對這首詩的理解。

以下是參考圖：

3 結合心智圖

　　心智圖也是繪圖法的其中一種（詳見第 8 章）。心智圖是一種應用廣泛的思維工具，可幫助我們整理思路，從而更加高效的記憶。在記篇幅較長、內容較複雜的古文時，心智圖是一種很有效的工具。

　　心智圖的繪畫順序是：先確定中心，再確定主幹，最後確定分支和具體細節。

　　本節，我們以《道德經》的第 1 章為例，講述如何使用心智圖法來記憶古文。

　　《道德經》的第 1 章為：

　　道可道，非常道；名可名，非常名。

　　無名，天地之始，有名，萬物之母。

　　故常無欲，以觀其妙，常有欲，以觀其徼。

　　此兩者，同出而異名，同謂之玄，玄之又玄，眾妙之門。

1. 確定中心

　　《道德經》的作者是老子，所以中心可以畫一個帶著葫蘆的老子的卡通圖案。

2. 確定主幹

　　此文章可分為 4 句，所以若要製作心智圖，就須安排 4 條主幹。如果死記硬背，便吃力不討好；而使用繪圖法背古文，須先理解古文的意義。

　　第 1 句：道可用語言來說明，但說明的道不等於世間本來存在的道。名稱、概念可以被解釋，但這種解釋也不等於它背後所指事物的內涵。

　　第 2 句：「無」，可以解釋為事物的初始狀態。「有」，可以解釋為事物的原因或母體。

　　第 3 句：但「無」的深層含義，是要人們把關注點放在事物的細微之處；而「有」的深層含義，是要人們把關注點放在事物的整體。

　　第 4 句：「無」也好，「有」也好，其實說的是同一件事，由於著眼點不同，才有不同的說法。這種從不同著眼點看事情的方法就叫做「玄」。反覆的從不同著眼點看事情，這是認知萬事萬物的根本法門。

3. 提取關鍵字，抽象轉化成形象

通讀、理解古文的意思後，提取關鍵字，並將抽象的詞轉化為具體的形象：

原文	提取關鍵字，抽象轉化成形象
道可道，非常道；名可名，非常名。	・「可」就是對的。 ・「非常道」中的「非」表示否定，用符號 × 表示。 ・「道」從諧音想到「倒」，畫一個不倒翁。 ・「名」從諧音想到「明」，畫一個太陽作為記憶線索。
無名，天地之始，有名，萬物之母。	・化繁為簡提取共同點：「……名，……之……」。 ・「天地」用雲和小草表示。 ・「萬物之母」用英語「all mum」（所有的母親）表示（按：mum 在英式英語中較常用）。
故常無欲，以觀其妙，常有欲，以觀其徼。	・「欲」從諧音想到「魚」。 ・「妙」從諧音想到「貓」，想像有一條魚在觀察貓。 ・「徼」的諧音為「叫」，所以可以用小喇叭的圖案表示。
此兩者，同出而異名，同謂之玄，玄之又玄，眾妙之門。	・「此兩者」指的是「無」和「有」，用陰影和空白表示。 ・「眾妙」在「門」中，想像為「貓」在「門」中。

此時，我們可繪製《道德經》第 1 章的心智圖了，如第 100、第 101 頁圖表 5-1 所示。

4 海量知識，怎麼塞進腦裡？

　　準備資格檢定考試時，通常須記大量的零散知識，此時繪圖法也能幫上忙。我以中國教師資格考試的知識為例，講述如何應用繪圖法來幫考生記憶：

　　教育對文化的作用：

　　教育具有傳遞、保存文化的作用（傳遞功能）；
　　教育具有傳播、交流文化的作用（融合功能）；
　　教育具有選擇、提升文化的作用（選擇功能）；
　　教育具有更新、創造文化的作用（創造功能）。

　　這個知識可用四個關鍵字概括：「傳遞」、「融合」、「選擇」和「創造」。

　　我們可以想像一個場景：別人遞給你一本書（「傳遞」），讓你看。你一把接過書後，馬上合上（「融合」），然後扔掉，去書櫃挑選另外一本書（「選擇」），結果發現書櫃上沒有你要的，就只好自己寫

一本（「創造」）。

　　將這一場景畫成四格漫畫：

| 傳遞 | 融合 |
| 選擇 | 創造 |

　　蓋上原文，看著漫畫回憶一下關鍵字，然後蓋上漫畫，再回憶一下關鍵字。如何，你記住了嗎？

　　準備資格檢定考試時，**大都不須完整記住參考書中的所有內容，只須記住關鍵的知識**。而用繪圖法來輔助，能大幅提高記憶效率。

馬上就能用的記憶訣竅

1. 繪圖法的重點不在於好看，在於實用，能記住就行。

2. 繪圖時，看到抽象字詞，須將抽象轉化成形象（鞋帶增減）。

3. 剛開始應用繪圖法時，記憶速度可能還不如死記硬背，但只要多練習，就會越記越快。

圖表 5-1　心智圖範例：道德經第 1 章

第 **6** 章

拆分法，
背單字快又牢

1 先拆開來，再串成故事

從小學到大學，甚至到進入社會，我們都逃不開學英語，而學英語就免不了要背單字。你一定見過在教室裡、公園裡、大眾交通工具上刻苦背單字的學生，如同小和尚唸經一般，重複唸一個個單字拼寫：「bamboo 竹子，b-a-m-b-o-o、b-a-m-b-o-o、b-a-m-b-o-o，bamboo 竹子……。」

背的人覺得辛苦，聽的人覺得煩躁，但最後的結果往往是背了就忘，還容易記錯或記漏，白白用功。

其實想記好單字，有更加高效的方法，那就是使用**拆分法**。它分為：一級編碼拆分、二級編碼拆分，以及字根、字首、字尾法。

具體來說，一級編碼拆分就是將每個字母轉化為一個形象編碼，然後把單字聯想成字母形象構成的故事或圖像；二級編碼拆分是將出現頻率很高的二至多個字母，一起轉化為一個形象編碼，然後再把單字聯想成故事或圖像；字根、字首、字尾法則是以具有意

義的字根、字首、字尾來拆分，幫助記憶。

　　先來看看一級編碼表（見下方圖表 6-1）。

　　我在此強調，下方提供的編碼僅供參考，大家可根據自己的理解，創造屬於自己的編碼。你對編碼越熟悉、累積的編碼越多，就能越快拆分單字，大幅提升記憶效率。

　　再來看一下二級編碼表，表中出現的字母組合出現的頻率比較高，但不能概括全部的單字，在使用此編碼表來記憶時，你同樣可以修改使用得不順手的編碼，還可以增加新的編碼（見下頁圖表 6-2）。

圖表 6-1　一級編碼表參考

字母	編碼	字母	編碼	字母	編碼
a	一個	b	筆	c	月亮
d	笛子	e	鵝	f	斧頭
g	鴿子	h	椅子	i	蠟燭
j	鉤子	k	機關槍	l	棍子
m	麥當勞	n	門	o	雞蛋
p	皮鞋	q	企鵝	r	小草

（續下頁）

s	蛇	t	傘	u	水杯
v	漏斗	w	王冠	x	剪刀
y	撐衣桿	z	閃電		

圖表 6-2　二級編碼表參考

字母組合	編碼	字母組合	編碼	字母組合	編碼	字母組合	編碼
ab	阿爸	ac	米蘭	ai	愛	ang	昂著頭
ary	矮人魚	ay	阿姨	ba	爸爸	bl	玻璃
bo	菠菜	br	白人	bu	布	ch	彩虹
chi	吃	ck	刺客	cl	窗簾	con	孫悟空
da	妲己	dn	等你	dr	敵人	du	堵
dy	電影	ee	眼睛	el	二樓	ele	大象
en	嗯	er	兒子	et	外星人	fa	發財
fl	鳳梨	fr	煩人	fu	符號	ga	鴨子
ge	哥哥	gh	桂花	ha	笑臉	ho	猴子
ht	核桃	hu	老虎	hy	火焰	ja	家
je	飢餓	ing	鷹	jo	玩笑	ju	橘子
ka	卡片	la	辣椒	le	可樂	lf	樓房
li	梨子	lu	梅花鹿	ma	媽媽	mb	麵包

（續下頁）

ment	門僮	mt	饅頭	mu	木頭	nd	腦袋
nu	奴才	op	藕片	ot	嘔吐	pe	皮衣
po	破	pr	僕人	pt	葡萄	re	熱
ri	日曆	rs	肉絲	rt	人頭	ru	乳液
ry	人魚	sc	蔬菜	se	顏色	sl	山鹿
st	石頭	su	蘇東坡	ta	他	ty	太陽
tion	神	wa	蛙	wl	武林	yu	魚

2 拆分法的四步驟

以下是使用拆分法的四個步驟：

· 步驟一：通讀理解。先讀三遍單字，理解中文意思。如果可以根據自然拼讀法或你平時的學習方法記下來，就不須使用拆分法。

· 步驟二：提取轉化。單字拆分成熟悉的部分。注意：拆分時，**先找單字中熟悉的短單字**，再找可能存在的字根、字首、字尾，最後再找一級編碼和二級編碼，拆分的部分越少越好。

· 步驟三：連結回歸。把拆分的片段按照順序和中文意思，連結成一個故事來記憶。

· 步驟四：複習。運用遺忘曲線的概念來複習。

例如，abroad（出國、在國外）這個單字，可拆分為「ab」和「road」，「ab」在前面的編碼表為「阿爸」，「road」是許多人熟悉的單字，意思是「路」。

把兩個部分連結起來，與中文意思編成故事：阿爸在出國的路上。如此一來就能記住。

注意事項

• 計時：進行任何記憶訓練時，一定要控制時間，為自己設定目標，同時量化數據來檢測是否進步，從而累積自信心。

• 複習：根據艾賓浩斯遺忘曲線來複習。每次記的單字量不須太多，因為貪多嚼不爛。背完幾個單字的 1 小時後、當晚、1 天後、1 週後、1 個月後、3 個月後，分別複習一次，並自我檢測。對於時常記錯或想不起來的單字，可重新拆分、圖像化，著重記憶。

• 獨立思考：一定要自己動腦筋拆分，即使是參考本書的編碼，也要思考拆分方式是否適合、聯想的故事是否好記。如果沒有思考而直接套用，方法永遠不會內化成為自己的能力。

• 習慣總結：每次複習完，找找自己記得快、記得牢的部分，總結成功經驗；也要思考記得慢、忘得快的部分，記錄失敗原因。經常回顧做得好和須改進的地方，才能了解努力的方向，不斷提高記憶能力。

小練習

請用碼錶計時，看你需要多久時間才能記住以下的 10 個單字。

單字（英）	單字（中）	拆分	聯想
angel	天使	ang 昂著頭＋el 二樓	昂著頭的天使到了二樓。
tame	馴服的	ta 他＋me 我	他是我馴服的。
thunder	打雷	th 天河機場＋under 在……下面	武漢天河機場下面在打雷，有人嚇得吼出聲音。
bamboo	竹子	ba 爸爸＋m 麥當勞＋boo 數字 600	爸爸去麥當勞買了 600 根竹子。
glove	手套	g 鴿子＋love 愛	鴿子送手套給心愛的女孩子。
penguin	企鵝	Peng 朋友＋u 水杯＋in 裡面	朋友把企鵝養在水杯裡。
bandage	繃帶	ban 扮演＋dage 大哥	玩耍的時候，扮演大哥的人全身纏滿了繃帶。
dispose	處置、解決	dis 的士＋po 破＋se 顏色（按：「的士」由「taxi」粵語音譯而成，在港澳等地普遍使用。）	的士破得連顏色都掉了，就扔到廢品站處置了。

（續下頁）

split	劈開、割裂	sp 間諜＋li 梨子＋t 雨傘（按：sp 從 spy〔間諜〕這的單字聯想。）	間諜拿著一個梨子把雨傘劈開。
blast	爆炸	bl 玻璃＋a 一個＋st 石頭	玻璃裡有一個石頭爆炸了。

嘗試回憶一下：

意思	繃帶	劈開、割裂	爆炸	企鵝	天使
單字					
意思	打雷	馴服的	竹子	手套	處置、解決
單字					

記憶時間：＿＿＿＿。　　正確率：＿＿＿＿。

3 小學單字記憶訓練

我們來應用拆分法，背小學、國中、高中階段各兩組英語單字。在訓練的過程中，遇到已經掌握的單字可以打勾跳過。

第一組

單字（英）	單字（中）
chicken	雞肉
vegetable	蔬菜
sweater	毛衣
shorts	短褲
yellow	黃色
picture	圖畫
umbrella	雨傘
library	圖書館
mouse	老鼠
finger	手指

聯想參考

單字（英）	單字（中）	拆分	聯想
chicken	雞肉	chi 吃＋ c 張大嘴巴＋ ken 啃	我張大嘴巴左邊吃，右邊啃雞肉。
vegetable	蔬菜	ve 維生素 E ＋ ge 哥哥＋ table 桌子	蔬菜富含維生素 E，哥哥買了很多放在桌子上。
sweater	毛衣	sw 絲襪＋ eat 吃＋ er 兒子	穿著毛衣和絲襪的一個怪人吃了兒子。
shorts	短褲	sh 上海＋ or 猿人＋ ts 天使	很多猿人跑到上海來，他們都穿著短褲，而且頭上頂著一個天使。
yellow	黃色	ye 葉子＋ llo 數字 110 ＋ w 王冠	在黃色的葉子上寫 110，遞給戴著王冠的人。
picture	圖畫	p 皮鞋＋ ic IC 卡＋ tu 兔子＋ re 熱	牆壁的圖畫上有一隻皮鞋，裡面有張 IC 卡，卡上畫著小兔子冒著熱氣。
umbrella	雨傘	u 水杯＋ mb 麵包＋ re 熱＋ ll 數字 11 ＋ a 一個	水杯裡的水和麵包都是熱的，我拿它們換了 11 個蘋果和一把雨傘。
library	圖書館	li 梨子＋ br 白人＋ ary 矮人魚	圖書館裡的梨子，都被白人餵給矮人魚吃了。
mouse	老鼠	mou 謀劃＋ se 顏色	我每天都在謀劃，在老鼠身上塗什麼顏色。
finger	手指	f 斧頭＋ ing 鷹＋ er 兒子	我用斧頭砍了鷹兒子的手指。

複習表（第一組）

1至2小時後	當晚	第二天	1週後	1個月後	3個月後	中文意思
						雞肉
						蔬菜
						毛衣
						短褲
						黃色
						圖畫
						雨傘
						圖書館
						老鼠
						手指

複習總結

第二組

單字（英）	單字（中）
Monday	週一
Tuesday	週二
Wednesday	週三
Thursday	週四
Friday	週五
Saturday	週六
Sunday	週日
spring	春天
summer	夏天
autumn	秋天
winter	冬天

聯想參考：

單字（英）	單字（中）	拆分	聯想	其他記憶方式
Monday	週一	mo 摸＋ n 門＋ day 天	週一不停的摸門，門是用樹做的（01 的編碼是小樹）。	諧音很像「忙day」，週末好好休息之後開始工作，所以週一是很忙的一天。

（續下頁）

Tuesday	週二	tu 兔子＋ es 餓死＋ day 天	週二，兔子餓死了，因為我沒有搖鈴兒叫牠吃飯（02 的編碼是鈴兒）。	
Wednesday	週三	we 我們＋ dn 等你＋ es 餓死＋ day 天	週三加班，我們等你等得都要餓死了，板凳都要坐穿了你還沒有回來（03 的編碼是三角凳）。	諧音很像「蚊子 day」，坐在三角凳上，沒想到被蚊子咬了很多包。
Thursday	週四	th 天河機場＋ u 水杯＋ rs 肉絲＋ day 天	週四，天河機場的工作人員會在水杯裡面放 4 根肉絲，犒勞自己。	諧音很像「社死 day」，週四是社死（按：指當眾出醜）的一天。
Friday	週五	fr 煩人＋ i 蠟燭＋ day 天	煩人的週五來了，就要拿起手套點蠟燭（05 的數字編碼是手套）。	諧音很像「福來 day」，週五快到週末，所以是福氣來的一天。
Saturday	週六	sa 撒嬌＋ tu 兔子＋ r 小草＋ day 天	累了一週，週六好不容易可以撒嬌，餵兔子吃草，真是放鬆的一天。	諧音很像「賽車 day」，週六休息可以去賽車。
Sunday	週日	sun 太陽＋ day 天	週日就是有太陽的一天。	諧音很像「喪 day」，因為週日過完馬上就要工作了，很焦慮，是很喪的一天。

（續下頁）

spring	春天	sp 間諜＋ ring 戒指	從春天聯想到花。間諜手上的戒指是花的形狀，很有春天的氣息。	✕
summer	夏天	su 蘇東坡＋ mm MM 巧克力＋ er 兒子	蘇東坡在夏天買 MM 巧克力給兒子吃（夏天聯想到冰淇淋，接著可把 MM 巧克力想成冰淇淋口味的樣子）。	✕
autumn	秋天	au 哎喲＋ tu 兔子＋ mn 蒙牛	哎喲，秋天的小兔子非常特別，還喝蒙牛（按：蒙牛為中國一家從事生產及銷售乳製品的企業）。	✕
winter	冬天	w 王冠＋ in 裡面＋ ter 天鵝肉	冬天聯想到冰雪女王。冰雪女王的王冠裡面，居然有天鵝肉。	✕

複習表（第二組）

1至2 小時後	當晚	第二天	1週後	1個月後	3個月後	中文 意思
						週一
						週二
						週三
						週四
						週五
						週六
						週日
						春天
						夏天
						秋天
						冬天

複習總結

4 國中單字記憶訓練

第一組

單字（英）	單字（中）
account	帳目
ache	痛
burst	爆裂、突然發生
slide	滑動、滑落
transport	運輸
swallow	吞下、咽下
boundary	邊界、分界線
consume	消耗、耗盡
budget	預算
suspicion	懷疑、疑心

聯想參考

單字（英）	單字（中）	拆分	聯想
account	帳目	ac 米蘭＋cou 湊＋nt 牛奶糖	米蘭球隊的帳目做得很好，所以湊了一些牛奶糖獎勵他們。
ache	痛	a 一個＋che 車	一臺車壓過去很痛。
burst	爆裂、突然發生	bu 布＋rst 染色體	布裡面的染色體突然爆裂了。
slide	滑動、滑落	sli 勝利＋de 德芙巧克力	從天上滑落下來，比了一個勝利的手勢，而且贏得很多德芙巧克力。
transport	運輸	tr 鐵人＋an 一個＋sport 運動	鐵人參加了一項運動，必須運輸很多的物品。
swallow	吞下、咽下	sw 絲襪＋all 全部的＋ow 圓圓的皇冠	穿絲襪的人把全部的圓皇冠都吞下去。
boundary	邊界、分界線	b 筆＋ou 藕＋nd 腦袋＋ary 矮人魚	用筆在藕和矮人魚中間畫了一個腦袋，當作分界線。
consume	消耗、耗盡	con 孫悟空＋su 蘇東坡＋me 我	看孫悟空電視劇和背蘇東坡的詩，把我白天的精力都耗盡了。
budget	預算	bud 部隊＋get 得到	這支部隊得到了很多預算。
suspicion	懷疑、疑心	su 蘇東坡＋sp 間諜＋i 蠟燭＋cion 男神	蘇東坡懷疑，間諜手上的蠟燭是由男神點燃的。

複習表（第一組）

1 至 2 小時後	當晚	第二天	1 週後	1 個月後	3 個月後	中文 意思
						帳目
						痛
						爆裂、 突然 發生
						滑動、 滑落
						運輸
						吞下、 咽下
						邊界、 分界線
						消耗、 耗盡
						預算
						懷疑、 疑心

複習總結

第二組

單字（英）	單字（中）
wander	漫遊、閒逛
weave	編、織
petroleum	石油
decay	腐爛、腐朽
poverty	貧窮
hollow	空的
victim	犧牲品
valley	山谷
balloon	氣球
humor	幽默

聯想參考

單字（英）	單字（中）	拆分	聯想
wander	漫遊、閒逛	wan 晚上＋d 笛子＋er 兒子	晚上一邊吹笛子，一邊帶兒子到處閒逛。
weave	編、織	we 我們＋a 一個＋ve 維生素 E	我們編了一個謊言，騙人說我們每天都吃維生素 E。

（續下頁）

petroleum	石油	pet 寵物＋role 角色＋um 幽門螺旋桿菌	吃石油容易讓寵物這種角色感染幽門螺旋桿菌。
decay	腐爛、腐朽	de 德芙巧克力＋ca 橡皮擦＋y 撐衣桿（按：ca 的發音接近橡皮擦的「擦」。）	衣服上腐爛的德芙巧克力被橡皮擦擦乾淨了，然後用撐衣桿晾起來。
poverty	貧窮	po 破＋ve 維生素 E＋r 小草＋ty 太陽	這個破維生素 E 滋養不了我的小草，因此貧窮的我只能依靠太陽了。
hollow	空的	ho 猴子＋llo 電話 110＋w 王冠	猴子打 110 報警，說牠買到假王冠，裡面都是空的。
victim	犧牲品	vi 羅馬數字 6＋ct 抽屜＋im 蛋糕（外型聯想）	6 個抽屜裡的蛋糕都成了犧牲品。
valley	山谷	v 耶！＋all 所有的＋e 鵝＋y 撐衣桿	耶！我把所有的鵝以及撐衣桿，都扔進山谷了。
balloon	氣球	ba 爸爸＋lloo 數字 1100＋n 門	爸爸把 1,100 個氣球都塞進了門裡面。
humor	幽默	hu 老虎＋mo 摸＋r 小草	幽默的老虎撫摸著腦袋，謀劃著如何把自己變成一棵小草。

複習表（第二組）

1至2 小時後	當晚	第二天	1週後	1個月後	3個月後	中文 意思
						漫遊、 閒逛
						編、織
						石油
						腐爛、 腐朽
						貧窮
						空的
						犧牲品
						山谷
						氣球
						幽默

複習總結

5 高中單字記憶訓練

第一組

單字（英）	單字（中）
abundant	大量、豐盛的
betray	出賣、洩露
botany	植物
capital	首都
ceremony	儀式、典禮
chimney	煙囪、煙筒
diamond	鑽石
generous	慷慨大方的
industry	工業
laborer	工人

聯想參考

單字（英）	單字（中）	拆分	聯想
abundant	大量、豐盛的	ab 阿爸＋ un 雲＋ dant 蛋撻	阿爸在雲上吃大量的蛋撻。
betray	出賣、洩露	be 蜜蜂＋ tr 鐵人＋ ay 阿姨	蜜蜂出賣了鐵人，把阿姨交出去了。
botany	植物	bo 菠菜＋ tan 彈簧＋ y 撐衣桿	菠菜長在彈簧上，被撐衣桿當成植物打落在地上。
capital	首都	cap 帽子＋ it 牠＋ al 卡通角色阿狸	牠戴上帽子，帶著阿狸去首都。
ceremony	儀式、典禮	c 月亮＋ e 鵝＋ re 熱＋ mo 摸＋ ny 奶油	月亮下的鵝太熱了，所以跑到典禮會場吹冷氣，還摸了想吃的奶油。
chimney	煙囪、煙筒	chi 吃＋ mn 美女＋ ey 鱷魚	煙囪裡藏著一隻吃美女的鱷魚。
diamond	鑽石	di 弟弟＋ am 上午＋ o 雞蛋＋ nd 腦袋	弟弟一上午都在想著吃雞蛋，不小心把腦袋撞到鑽石上。
generous	慷慨大方的	ge 哥哥＋ ne 哪吒＋ rous 肉絲	哥哥很慷慨大方，分享肉絲給哪吒吃。
industry	工業	in 在裡面＋ du 堵＋ st 石頭＋ ry 人魚	工業區裡堵滿了石頭，因為裡面出現了一條人魚。
laborer	工人	lab 蠟筆＋ or 或＋ er 兒子	工人送了一盒蠟筆給我或兒子。

複習表（第一組）

1 至 2 小時後	當晚	第二天	1 週後	1 個月後	3 個月後	中文意思
						大量、豐盛的
						出賣、洩露
						植物
						首都
						儀式、典禮
						煙囪、煙筒
						鑽石
						慷慨大方的
						工業
						工人

複習總結

第二組

單字（英）	單字（中）
laundry	洗衣店
merchant	商人；商業的
narrow	狹窄的
optional	可選擇的
parrot	鸚鵡
recite	背誦
salary	薪水
strait	海峽
symbol	象徵
tense	心煩意亂的、緊張的

聯想參考

單字（英）	單字（中）	拆分	聯想
laundry	洗衣店	la 辣椒＋u 水杯＋n 門＋dry 乾的	辣椒和水杯原本放在門邊，都變乾了，我送到洗衣店去洗。
merchant	商人；商業的	m 麥當勞＋er 兒子＋ch 彩虹＋ant 螞蟻	麥當勞的兒子是個商人，他最喜歡彩虹和螞蟻。

（續下頁）

narrow	狹窄的	na 人名娜娜＋ rr 肉肉＋ ow 圓碗	娜娜把肉肉從圓碗裡 夾出來，結果被狹窄 的碗口卡住了。
optional	可選擇的	op 藕片＋ tion 神＋ al 阿狸	藕片是供給神飼養的 阿狸做選擇的。
parrot	鸚鵡	pa 害怕＋ rr 肉肉＋ ot 嘔吐	鸚鵡害怕長肉肉，把 吃下肚的食物都吐出 來了。
recite	背誦	re 熱＋ ci 刺＋ t 傘＋ e 鵝	背誦古文時，就像有 根熱刺在刺你，怎麼 也背不下來，除非送 一把傘給一隻鵝。
salary	薪水	sa 披薩＋ la 拉＋ ry 人魚	用薪水買了一個披 薩，拉上人魚和我一 起吃。
strait	海峽	str 石頭人＋ ai 愛＋ t 傘	海峽上的太陽光太強 烈，石頭人都愛撐傘 防晒。
symbol	象徵	sy 石油＋ m 麥當勞 ＋ bol 數字 601	石油在麥當勞可以象 徵 601 元。
tense	心煩意亂 的、緊張的	ten 數字 10 ＋ se 顏色	看見 10 種顏色在一 塊，我就會感到心煩 意亂。

複習表（第二組）

1至2 小時後	當晚	第二天	1週後	1個月後	3個月後	中文 意思
						洗衣店
						商人； 商業的
						狹窄的
						可選擇的
						鸚鵡
						背誦
						薪水
						海峽
						象徵
						心煩意亂 的、緊張的

複習總結

　　汽車業傳奇人物、福特汽車的創始人亨利・福特（Henry Ford）說：「你相信你能，或你相信你不能，你都是對的。但你將擁有不同的結果。」

　　在單字訓練的前期會有些困難，你甚至比過去用死記硬背的方法背得還慢，但這只是因為你需要接納一種新工具（並沒有要你摒棄以前的學習方法），而改變和接受新資訊需要過程。行百里者半於九十，只有堅持的人，才能體會到記憶法帶來的高效和輕鬆。

6 其他單字記憶小技巧

一、羊肉串記憶法

顧名思義，就像吃羊肉串一樣，一下記住「一串」單字。英語單字都是由 26 個英文字母組合而成，這麼多單字當中，肯定會有長得像的，可以放在一起背。

例如以下這組單字，都包含 all（全部的）這個單字，只有前面字母不一樣，中文意思卻完全不同。

共同點	單字（英）	單字（中）	區分點	聯想
all 全部的	wall	牆	w 王冠	牆壁上畫著一個王冠。
	call	打電話	c 月亮	站在月亮下打電話。
	hall	走廊	h 椅子	搬把椅子坐在走廊。
	tall	高	t 傘	兩個人一起走的時候，當然是長得高的人撐傘。
	ball	球	b 筆	用筆把球戳破。
	mall	商場	m 麥當勞	麥當勞都開在商場裡。
	fall	掉落	f 斧頭	小心不要被落下來的斧頭砸到了。

　　在這種情況下，就要把它們的不同點和中文意思連結起來記憶。

　　以下來進行兩組練習：

共同點	單字（英）	單字（中）
are 是	bare	光禿禿的
	care	照料、小心
	dare	膽敢
	mare	母驢
	ware	器皿
	rare	稀有的
	fare	車資
ill 疾病	till	收銀機
	kill	殺死
	hill	山丘
	fill	填滿
	will	將要
	bill	帳單
	pill	藥丸

二、諧音記憶法

除了記單字的拼寫，我們還須記單字的讀音。不少同學都無師自通的用「諧音法」來記英文發音。例如，將 good morning（早安）記成「古德摸寧」；將 eraser（橡皮擦）寫成「衣瑞這」，還有同學會將 ambulance（救護車），諧音聯想為「俺不能死」——俺不能死，所以要叫救護車。

用諧音來記可增加的趣味性，幫助記憶，但我不建議大量用此方式，因為會影響發音的準確性。以下來看一些運用諧音的例子：

單字（英）	單字（中）	諧音	聯想
weapon	兵器、武器	「瓦盆」	一家人拿著瓦盆當武器。
wolf	狼	「臥虎」	把臥虎藏龍這個成語想像成臥虎藏狼。
yoke	枷鎖	「有客」	有一家黑店，一有客人來就給他戴上枷鎖。
vital	生命的	「歪頭」	樹上長滿了果實，把樹枝壓歪了，果實代表生命力。
vinegar	醋	「為你哥」	女孩子都為你哥爭風吃醋。
van	廂型車	「玩」	開著廂型車到處玩耍。

（續下頁）

tradition	傳統、慣例	「吹笛聲」	發出吹笛聲是我們和他人聯絡的一種慣例。
timid	膽怯的、羞怯的	「甜蜜的」	看見電視裡甜蜜的情侶，就變得羞怯起來。
survive	倖免於、活下來	「射歪了」	因為箭射歪了，所以才能倖免於一死，活了下來。

三、字根、字首、字尾記憶法

字根、字首、字尾就像中文的偏旁部首，可幫助我們辨別單字的意思，以及單字的詞性。累積一定的單字量後，在使用字根、字首、字尾記憶法時才能如虎添翼。此方法屬於廣義的拆分法，在配合故事聯想法時能發揮更大的作用。

以下提供一小部分常用的字根、字首、字尾，想詳細了解的讀者，可購買相關書籍參考。

類型	字根、字首、字尾	意義	舉例
字首	auto-	自己	automation 自動化
	co-	共同、互相	coexist 共存
	inter-	在……之間	international 國際的
	micro-	微	microbe 微生物

（續下頁）

	-an	人、籍貫	African 非洲的
字尾	-dom	狀態、領域	freedom 自由
	-ism	主義	Marxism 馬克思主義
	-ship	狀態 （構成名詞）	friendship 友誼
字根	-fer	帶來	difference 不同
	-ject	投擲	object 目標
	-log	說話	apologize 道歉
	-port	運送	import 進口

馬上就能用的記憶訣竅

1. 熟練掌握一、二級字母編碼表是使用拆分法的基礎，在學習中最好累積屬於自己的編碼。

2. 不是任何時候都需要單字拆分法，遇到長單字、容易混淆的單字，用原本記憶方法記不住時才要用拆分法。

3. 記單字本身比較枯燥，但掌握多種方法，找到技巧，就會更輕鬆、高效。

第 **7** 章

定位法，以熟記新

1 用熟悉的舊，記上百個新

定位法又稱為「記憶宮殿法」，是目前所有記憶大師都在使用的方法。它可以幫助你輕鬆記一整本書的內容，甚至倒背如流；讓你在一小時內記住成千上萬個毫無規律的數字、幾十副順序打亂的撲克牌，且毫無差錯。

這是怎麼做到的？我回答這個問題前，先分享一個故事：

某次，古希臘詩人西莫尼德斯（Simonides）在一所公館裡與親友聚會飲酒，周旋於眾多賓客之間。就在他暫時離座出門的片刻，公館大廳突然坍塌，其他賓客都被砸死。他們被砸得血肉模糊、肢體殘缺，即便是家屬也難以辨認。最後，西莫尼德斯透過回憶與這些親友飲酒時的位置，一個個對應上屍體和姓名。

這個故事被明朝義大利傳教士利瑪竇記錄在《西國記法》中，而西莫尼德斯使用的方法就是「記憶宮殿」的雛形。利瑪竇是「記憶宮殿」的推廣者，他說：

「對於每一件我們希望銘記的東西，都應賦予其一個形象，並分派一個場所，使它能安靜的存放在那裡，直至我們準備借助定位法來使它重新顯現。」

我們在日常生活中也會不自覺的使用「記憶宮殿」。不信的話，請你現在閉上眼睛，想像你站在你家門口，或你的房間門口，打開門，從左手邊開始，順時針的「往前走」，第 1 個物品是什麼——鞋櫃？沙發？電視機？接著往下，第 2 個、第 3 個……第 10 個物品是什麼？你是不是可以毫不費力的回憶起來？

如果你的回答是肯定的，那麼恭喜你，你擁有了人生中第一套記憶宮殿。

接著，把你要記住的內容逐一放在這些地點上，讓資訊和地點之間產生牢固的掛鉤，當你須取得資訊時，只須輕輕的拉一下掛鉤，資訊就會立刻呈現在眼前。這就是記憶宮殿法。

人們大部分時間都生活在自己熟悉的場所，例如，家裡、親戚家裡、家樓下的公園、經常逛的超市、辦公室、教室、兒童樂園等；除了熟悉的地點，你也會去不熟悉的場所，例如，偶爾吃一次的高級餐廳，或初一和十五去的寺廟、一年去一次的旅遊景點。

這些熟悉的、不熟悉的地點，你或多或少都對它們有印象，如果你稍加整理，利用起來，都可成為記憶載體，發揮巨大能量，幫助我們記住龐雜的訊息。

在前面的章節，你記住了 100 個數字編碼。數字本身就屬於有序的資訊，運用這 100 個有序數字，就可以記住 100 個陌生的、沒有規律的任何資訊。如果想像力好，甚至可以用 1 個數字記住多條資訊。如此透過 100 個熟悉的數字編碼，**就可記 100 至 500 個新知識**，是不是超級厲害？所以，如果你還沒有記住數字編碼，趕緊回過頭去複習吧！

根據記憶的前提，我們總結出定位法的核心，就是**以熟記新**。我們的大腦中原本就累積了一些資訊，在記新資訊時，**只要和自己頭腦裡已有的事物連接起來**，那麼記憶和回憶就簡單多了。

例如，家裡家具的位置：門、鞋櫃、沙發、茶几、空調；又如我們看過的人物，像是經典名著中的：唐僧、孫悟空、豬八戒、沙和尚、劉備、曹操、關羽、張飛；動漫畫人物：海賊王、流川楓、櫻桃小丸子、靜香、胖虎、哆啦 A 夢；生活中的人物：爺爺、奶奶、爸爸、媽媽、叔叔、阿姨、哥哥、姊姊、弟弟、妹妹；

還有張口就來的詩句：「白日依山盡，黃河入海流」、
「床前明月光，疑是地上霜」。

　　常見的定位系統有身體定位、人物定位、地點定
位、標題定位、熟語定位等。我們現在就來試試這些
定位的效果。

2 老忘東忘西？用身體定位提醒

我們每天都在使用自己的身體，所以你對身體部位肯定很熟悉，而從頭到腳來看，身體部位的順序是固定的，這就是一套現成的定位系統。

身體上能找到有特徵的定位點不多，所以**身體定位法只適合記 20 個以內的資訊**。例如，要去超市買東西（購物清單）、當天需要處理的事（備忘錄）等，都可以用身體定位法來記憶。

一、記憶 12 星座

星座是社交場合上的熱門話題，那些相信星座特質的人，經常討論與星座相關的內容。對星座感興趣的人很多，能完整說出 12 星座順序的人卻不多。

以下就讓我們用身體定位法，在 3 至 5 分鐘內記住 12 星座的順序。此方法不僅能讓我們記住，還能讓我們快速說出順序第幾個是什麼星座。準備好了嗎？

開始吧！

　　首先，請你起立，由上至下活動一下身體，例如：摸摸頭、眨眨眼、摸摸鼻子……你能在身體上找到 12 個具有辨識性的部位嗎？以下我找出了 12 個，請按照順序把這 12 個部位記住。這很重要，也許在某個緊急時刻，身體部位可幫你快速記住想記住的內容。

順序	身體部位
1	頭
2	眼睛
3	鼻子
4	嘴巴
5	脖子
6	肩膀
7	胸口
8	肚子
9	大腿
10	膝蓋
11	小腿
12	雙腳

　　只有對定位夠熟悉，才能快速準確的記住要記憶的內容。如果尚未記熟，請多複習幾次，直到完全熟練。完成這個任務後，接著把相應的身體部位和星座，透過誇張、有趣的聯想結合起來：

順序	身體部位	星座	聯想
1	頭	牡羊座	你的頭頂長出了一對白羊角。
2	眼睛	金牛座	你的眼睛忽然變得跟牛的眼睛一樣大，並且金光閃閃的。
3	鼻子	雙子座	鼻孔有兩個（雙），兩個孔的鼻子代表雙子座。
4	嘴巴	巨蟹座	你張開嘴巴吃了一隻巨大的螃蟹。
5	脖子	獅子座	逛動物園時，脖子不小心被獅子抓出幾條傷口。
6	肩膀	處女座	出現一位小美女幫你揉肩膀。
7	胸口	天秤座	拍拍胸口得意洋洋的說：「我天生就很公平！」
8	肚子	天蠍座	肚子天天想吃蠍子。
9	大腿	射手座	丘比特之箭射中了你的大腿。
10	膝蓋	摩羯座	摸摸你膝蓋的關節：摸關節→摩羯座。
11	小腿	水瓶座	小腿的形狀長得像一個水瓶。
12	雙腳	雙魚座	你踩到兩條魚後不小心滑倒了。

　　好，請閉上眼睛，把每個身體部位對應的畫面回想一遍：頭、眼睛、鼻子、嘴巴……現在，請你把 12 星座寫下來。

　　恭喜！現在你已經掌握了 12 星座的順序，是不是很簡單？那麼我現在考一考你，請問：

　　第 3 個星座是什麼？

　　第 6 個星座是什麼？

　　第 8 個星座是什麼？

　　你不會從上往下一個、一個的數吧？這樣反應速度會比較慢，請記住，第 5 個和第 10 個分別是脖子和膝蓋。**以這兩個為參考**，如果問到第 7 個是什麼，只須從第 5 個往下數 2 個就可以了。

　　這樣是不是可以更快速的回憶？這就是記憶大師可快速說出第幾個數字是什麼的祕訣，因為他們的**定位都有排順序**，且對應的序號也熟記於心，因此自然能快速反應。

　　接下來，如果你想記住更多，可記憶每個星座對應的出生日期（見下頁表格）。

　　分析一下，你會發現每個星座都是前一個月的 20 號左右到下一個月的 20 號左右，所以只須記住牡羊座

的對應月分，接著後面的星座只須順延記憶就行了。

　　現在，你可以問你身邊朋友的生日，然後快速的判斷出他們的星座。這也可說是一個社交專長吧！

順序	星座	出生日期
1	牡羊座	3 月 21 日至 4 月 19 日
2	金牛座	4 月 20 日至 5 月 20 日
3	雙子座	5 月 21 日至 6 月 21 日
4	巨蟹座	6 月 22 日至 7 月 22 日
5	獅子座	7 月 23 日至 8 月 22 日
6	處女座	8 月 23 日至 9 月 22 日
7	天秤座	9 月 23 日至 10 月 23 日
8	天蠍座	10 月 24 日至 11 月 22 日
9	射手座	11 月 23 日至 12 月 21 日
10	摩羯座	12 月 22 日至 1 月 19 日
11	水瓶座	1 月 20 日至 2 月 18 日
12	雙魚座	2 月 19 日至 3 月 20 日

最好的學習方式就是將知識教給他人。如果你確定自己已經掌握好了，可以分享給身邊的幾個朋友，教會他們，估計你就很難忘記這個小知識。

二、記憶物品清單

出門上學（上班）時容易丟三落四？只要根據身體部位聯想就能解決這個問題。以孩子早上出門必須帶的物品為例：眼鏡、口罩、衛生紙、水壺。

你可以這樣想：眼鏡是戴在眼睛上的、口罩須掛在耳朵上、流鼻水時要用衛生紙擦、水杯是嘴巴喝水要用的，分別對應了眼、耳、鼻、口的物品。每天出門前想想這幾個身體部位，就不會忘記帶東西了。

三、記憶會議重點

一次偶然的機會，我教會一個朋友使用身體定位法，他當時驚訝極了，過了幾天，他更是興沖沖跑過來說這個方法真的太有用了，還問我還有沒有類似的其他記憶方法。

原來，有一次他開會忘記帶筆記本，老闆很不開心，會議結束後故意請他重述會議重點，他運用身體

定位法——陳述重點，老闆瞬間就對他豎起大拇指，對他印象深刻。

　　快速記憶法確實可幫我們在職場上速記一些東西，來看看具體怎麼操作。以舉辦夏令營為例，開會的重點見下方表格。

　　這是一個以營地活動為主題的會議，所有事情都是圍繞著營地來進行，很好記憶。相關聯想可以參考下頁表格，先把關鍵資訊提取出來，然後一一對應身體部位聯想即可。

順序	會議重點內容
1	整理開營必備的物資。
2	發放流程表給相關人員，相關崗位的人員必須熟知崗位職責。
3	為每個分校區分配相應的老師和助教。
4	營地中的活動策劃。
5	為出去講課的老師和助教訂票。
6	留在校區的老師負責接收照片和發新媒體廣告（微信公眾號、微博等）。

順序	身體部位	關鍵字	聯想
1	頭	整理物資（整理）	大腦裡的思維需要整理，對應整理物資。
2	眼睛	熟悉流程表、崗位職責（流程＋職責）	流程可以聯想到流眼淚，職責可以從諧音想到「指責」，兩者聯繫起來就是：指責他流眼淚。
3	鼻子	分配老師和助教（分配）	鼻子有兩個鼻孔，一個分配老師，一個分配助教。
4	嘴巴	活動策劃（策劃）	嘴巴的側邊被劃了一道口子。
5	脖子	訂票	脖子上有一張機票。
6	胸口	照片＋廣告	拍了一張胸口的照片，然後幫醫院打廣告。

你記住了嗎？請你試著回憶一下會議重點。

3 用小說人物記陌生資訊

你有崇敬的歷史人物嗎？你有喜愛的影視明星嗎？你有喜歡的動漫角色嗎？如果這些都沒有，那麼你身邊肯定有親戚、朋友吧？他們都可成為你的「記憶宮殿」。用熟悉的人物來記陌生的資訊，就叫做人物宮殿法。

此方法也需要我們平時多累積，例如，看過一本小說、一部電視劇後，往往會對作品裡的角色投入情感。既然你花了那麼長的時間跟這些角色建立「感情」，就不要白白付出，趁熱打鐵對他們標上編號、運用在人物定位法中，讓他們為你所用。

我在此以大家都很熟悉的《西遊記》為例，當中最經典的角色就是師徒四人。此外，還有一系列與劇情密切相關的角色：如來佛祖、玉皇大帝、觀音菩薩……每個角色都有各自的特徵，帶給我們不同的感受，而我們可以據此來記憶。

一、記憶中國十大古典悲劇

人物	古典悲劇作品	聯想
唐僧	《竇娥冤》	唐僧被神仙冤枉，說他在取經路上用袈裟逗鵝玩。
孫悟空	《漢宮秋》	孫悟空流著汗在皇宮用金箍棒踢球。
豬八戒	《趙氏孤兒》	豬八戒從小就是孤兒，整天到處找事。
沙和尚	《琵琶記》	沙和尚的脖子上那串珠子被當成枇杷，一顆、一顆彈走了。
白龍馬	《精忠旗》	白龍馬身上刻著精忠報國的一面旗子。
如來佛祖	《嬌紅記》	如來佛祖的大腳變成紅色了。
玉皇大帝	《清忠譜》	玉皇大帝是個很靠譜的情種。 （按：「靠譜」的意思為靠得住。）
觀音菩薩	《長生殿》	觀音菩薩開了一家店，專賣長生不老藥。
土地公	《桃花扇》	土地公從地裡鑽出來，手上拿著桃花扇。
白骨精	《雷峰塔》	被壓在雷峰塔下的並不是白娘子，而是白骨精。

二、記憶中國五大淡水湖

　　此時須記 5 個資訊，所以選熟悉的 5 個人物來聯想即可（參考下頁表格）。

　　你記住了嗎？人物定位法還可以用來記更多東西，重要的是平時多累積。

人物	淡水湖	聯想
唐僧	鄱陽湖	唐僧向太陽潑了一盆水。
孫悟空	洞庭湖	孫悟空大鬧天宮的時候鑽進了一個洞。
豬八戒	太湖	豬八戒實在太胖了。
沙和尚	洪澤湖	沙僧每天挑太重的東西,壓得臉上露出紅色的光澤。
白龍馬	巢湖	白龍馬每次在漲潮的時候就會變成人。

4 打造自己的地點定位系統

　　地點定位法很好用，但要完全駕馭它，在前期仍須付出一些努力。這一節我會教你怎麼打造自己的地點定位系統，跟著我的步驟一起做：

步驟一：找地點

　　你肯定覺得，自己非常熟悉經常待的一些場所，但真是如此嗎？你可以說出你們家樓下社區門口，第 1 家店的門牌是什麼顏色嗎？那條街的第 5 家店是賣什麼？

　　答不上來了吧！大多數人都以為自己夠熟悉身邊周圍的環境，其實不然。地點定位法需要我們留心觀察身邊一些以前忽略的事物。這不會花費我們大量的時間和精力，卻能大幅提升我們的記憶力。

　　現在，跟隨我的步伐，從你最熟悉的家裡開始。

　　第一，確定場所、編號。看看你的家裡一共是幾室幾廳的構造，然後找出其中你最熟悉的 3 個場所（例

如，客廳、臥室、廚房），並為每個房間編個號碼（例如，客廳是 1 號，臥室是 2 號，廚房是 3 號）。

第二，粗略確定。分別站在 1、2、3 號場所，環顧四周，大致瀏覽這個空間，看看哪個物品符合要求。

第三，正式確定。分別在 1、2、3 號場所，按照順時針或逆時針的順序，依次找到 5 件固定的物品，仔細觀察每件物品，可用手觸摸一下，並為它取名。

第四，閉眼回憶。找到 1、2、3 號場所中的物品後，坐下來，靜靜的在腦海裡想一遍，卡住時可以到對應地點看一眼。

第五，記錄。準備一個專門的筆記本，將場所和物品默寫在筆記本上，如果記不起來，可以再看一看、摸一摸那件物品。

以下是我的紀錄，給大家參考：

序號	場所	物品				
1	客廳	沙發	茶几	空調	電視	全身鏡
2	臥室	衣帽架	書桌	床頭櫃	布偶	壁畫
3	廚房	瓦斯爐	電鍋	洗手臺	冰箱	餐桌

如此一來，你就有 3 套地點，共 15 個「地點樁」，可以用它們來記憶 15 個陌生的資訊。

結合以上的方法，請你試試在自己家裡（或其他熟悉的場所）尋找物品，打造自己的記憶宮殿。這個任務非常重要，沒有完成的話，無法進行後面的學習。

來完成你的第一個記憶宮殿：

序號	場所	物品			
1					
2					
3					

找地點時要注意以下 7 點：

- **熟悉**：定位法中最重要的原則就是「以熟記新」，所以我們可以從自己的家、學校、工作場所、常去的餐廳等開始尋找地點。平時我們要多多留意生活周遭的環境，可以拍照留存，並建立一個專門的資料夾，用於保存你的「記憶宮殿相冊」，以便需要使用的時候翻看。

· **有序**：根據自己的習慣，你可以採取順時針或逆時針的順序來找地點樁，並排好序號。參加世界腦力錦標賽的選手，通常會在一組記憶宮殿中安排 30 個地點樁；如果只是日常使用，一組 10 至 20 個地點樁就很夠用了。

· **有特徵**：剛開始練習時，找的每個物品最好都是獨一無二的，避免混淆。例如，不要在客廳裡找 2 個盆栽作為地點樁。但當你練習到一定的程度時，就可以明確區分相似的物品。例如相似的 2 個盆栽中，其中一盆裡面的植物較特別，另一盆則是盆栽本身很特別，這樣就不容易混淆。

此外，最好不要選平面的家具，因為「掛」不住東西，容易讓知識「滑落」。

· **大小適中**：地點樁不宜過大或是過小。如果太大，在腦海裡回憶起來會很費時；如果太小，和動作連接時產生的畫面就顯得很擁擠。基準大約是一個籃球的大小，並適當的縮放就可以。

· **距離適中**：兩個地點樁之間的距離不宜過遠或過近。如果距離太遠，回想的時間會變長；如果距離太近，兩個地點樁的圖像會互相干擾，導致混亂。

．**調整場景**：如果遇到場景內容重複性較高，例如，辦公室都是相同的辦公桌、辦公椅、沙發、茶几、電腦等，在這樣的情況下可以主觀的對地點加工。例如，辦公椅上坐著某個人、電腦上放著某件特別的物品等。加入主觀的定義，會較容易區分相似的場景。

．**固定**：用拍照的方式把地點記錄、固定下來，需要的時候就可以看照片來回憶。

步驟二：熟悉地點

千萬不要以為地點找好，就萬事大吉了。對地點的熟悉程度，直接影響你的記憶速度。即使是記憶大師，記資料前也須在腦海裡想一遍要運用的地點樁。現在我來告訴你如何訓練，才能讓你和地點樁更「親密」。這個訓練叫做「3—2—1 挑戰」：

請你準備好雙手，也可以請身邊的朋友幫忙，每 3 秒鐘拍一下手。每拍一下，就在腦海中想一個地點樁，直到把 15 個物品回想完畢。

準備好了嗎？預備，開始！

第 1 個……

第 2 個……

第 3 個……

……

第 15 個……

能跟上節奏嗎？如果你有辦法做到，那現在倒過來，從最後一個回想到第一個。

第 15 個……

第 14 個……

第 13 個……

……

第 1 個……

如果你毫無障礙的通過這個挑戰，就可以進入下一個階段。如果有點不順利，就請在這個階段多練習幾次，直到能以這個速度順利回想。

接下來，每 2 秒拍一次手，拍的時候在腦中「想起」地點樁，一定要清晰的呈現在腦海中，不要為了追求速度，而忽視清晰度。同樣的，從第 1 個回想到第 15 個，然後從第 15 個回想到第 1 個。

最後，每 1 秒拍手一次，並重複以上動作。如果能做到 1 秒回想，接下來就可以進入下一個步驟。

步驟三：練習地點（詳見下一節）

此處，我以我常去的茶館中 10 個地點樁為例。

照片	序號	場所
	1	門把手
	2	古琴
	3	凳子
	4	窗簾
	5	窗臺
	6	花瓶
	7	椅子把手
	8	六邊形窗戶
	9	抱枕
	10	茶杯

159

　　請自己找出 6 組地點、每組 30 個物品，寫在下方的表格中。

序號	起始地點樁	結尾地點樁	記憶內容（物品）
第 1 組			
第 2 組			
第 3 組			
第 4 組			
第 5 組			
第 6 組			

5 用地點定位背古文

一、記憶文言文〈陋室銘〉

陋室銘

（唐）劉禹錫

　山不在高，有仙則名。水不在深，有龍則靈。斯是陋室，惟吾德馨。苔痕上階綠，草色入簾青。談笑有鴻儒，往來無白丁。可以調素琴，閱金經。無絲竹之亂耳，無案牘之勞形。南陽諸葛廬，西蜀子雲亭。孔子云：「何陋之有？」

釋義

　山不在於高，有了神仙就出名。水不在於深，有了龍就顯得有靈氣。這是簡陋的房子，只是我（住屋的人）品德好（就感覺不到簡陋）。長到臺階上的苔痕顏色碧綠；草色青蔥，映入簾中。到這裡談笑的都是知識淵博的大學者，來往的人當中沒有知識淺薄之

徒。平時可以彈奏樸素的古琴，閱讀泥金書寫的（珍貴的）佛經。沒有奏樂的聲音擾亂雙耳，沒有官府的公文使身體勞累。南陽有諸葛亮的草廬，西蜀有揚子雲的亭子。孔子說：「這有什麼簡陋？」

首先通讀理解文章，然後看這篇文章可以分成幾個句子。我把《陋室銘》分成以下 10 句。在此，我使用上一節「茶館」記憶宮殿中的 10 個地點樁記憶。將 10 句古文與 10 個地點樁對應，然後提取轉化，把每一句的關鍵字和地點樁互相連接：

序號	地點	原文	聯想
1	門把手	山不在高，有仙則名。	按壓門把手開門，看見一座山不是很高，上面住著有名的神仙。
2	古琴	水不在深，有龍則靈。	有人用古琴演奏〈高山流水〉，水裡飛出一條龍，很靈活。
3	凳子	斯是陋室，惟吾德馨。	撕開貼在凳子上的紙後往裡面看，覺得很簡陋，裡面住著一名維吾爾族人，得到了一顆心。
4	窗簾	苔痕上階綠，草色入簾青。	窗簾上長了很多苔蘚，留下了綠色的痕跡，草的顏色都映入了眼簾。

（續下頁）

5	窗臺	談笑有鴻儒，往來無白丁。	往窗臺看過去，看到很多人在外面談笑風生，以及一些紅色的、蠕動的蟲，還有往來的人都不吃布丁。
6	花瓶	可以調素琴，閱金經。	形容一個人虛有其表就稱為花瓶，但這位「花瓶」什麼都會，可以調琴，還可以閱讀經書。
7	椅子把手	無絲竹之亂耳。	椅子把手上沒有一絲絲的竹子發出聲音，來擾亂你的耳朵。
8	六邊形窗戶	無案牘之勞形。	六邊形窗戶上有一個人按著肚子（「案牘」的諧音），身形很勞累的樣子。
9	抱枕	南陽諸葛廬，西蜀子雲亭。	南陽的諸葛亮在草廬裡抱著抱枕，這時從西邊飄來一朵紫色的雲。
10	茶杯	孔子云：「何陋之有？」	孔子拿起茶杯看了後說：「這個杯子哪裡漏油啦？」

二、記憶文言文〈愛蓮說〉

愛蓮說

（宋）周敦頤

　　水陸草木之花，可愛者甚蕃。晉陶淵明獨愛菊，自李唐來，世人甚愛牡丹。予獨愛蓮之出淤泥而不染，濯清漣而不妖。中通外直，不蔓不枝，香遠益清，亭亭淨植，可遠觀而不可褻玩焉。

　　予謂：菊，花之隱逸者也；牡丹，花之富貴者也；

蓮，花之君子者也。噫！菊之愛，陶後鮮有聞。蓮之愛，同予者何人？牡丹之愛，宜乎眾矣！

釋義

　　水上、陸地上各種草本木本的花，值得喜愛的非常多。晉代的陶淵明唯獨喜愛菊花。從李氏唐朝以來，世人大都喜愛牡丹。我唯獨喜愛蓮花從積存的淤泥中長出卻不被汙染，經過清水的洗滌卻不顯得妖豔。（它的莖）中間貫通，外形挺直，不生蔓，也不長枝。香氣遠播後更加清香，筆直潔淨的豎立在水中。（人們）可以遠遠的觀賞（蓮），而不可輕易的玩弄它啊！

　　我認為：菊花，是花中的隱士；牡丹，是花中的富貴者；蓮花，是花中的君子。唉！喜愛菊花（的人），在陶淵明以後很少聽到了。喜愛蓮花（的人），和我一樣的還有誰？喜愛牡丹的，人數當然很多！

　　首先還是要通讀理解文章，然後看這篇文章可以分成幾個句子。我把〈愛蓮說〉分成 12 句（如下頁至第 166 頁表格）。在下頁的這張圖中，我找到了 12 個地點樁，分別與這 12 句話對應並聯想。

序號	地點	原文	聯想
1	多肉植物	水陸草木之花，可愛者甚蕃。	多肉植物既可以生活在水裡，也可以生活在陸地上，還會開花，愛它的人非常多，煩它的也多。

（續下頁）

2	電視機	晉陶淵明獨愛菊，自李唐來，世人甚愛牡丹。	電視機本來就可以選擇各種節目，陶淵明愛看有菊花的節目，唐朝的人愛看有牡丹的節目。
3	空調	予獨愛蓮之出淤泥而不染，濯清漣而不妖。	空調上有蓮花的圖案，蓮花從淤泥中生長出來，沒有沾染一點點泥巴，被小雞啄了就不要了。
4	窗戶	中通外直，不蔓不枝。	窗戶中間打開就可以通風，外面是值得一看的風景；不緊不慢的打開後，就不要節外生枝了。
5	窗簾	香遠益清，亭亭淨植。	窗簾上噴了很多香水，遠遠的就可以聞得一清二楚，像一個亭亭玉立的美女靜止在那裡。
6	熱水瓶	可遠觀而不可褻玩焉。	水燒開後會很燙，所以只能遠遠的觀看，不要用手去把玩，不然燙到手會冒煙。
7	空氣清淨機	予謂：菊，花之隱逸者也。	空氣淨化器吃了菊花就會開始工作，所以我餵它吃菊花，它就隱身開始工作。
8	牆上掛畫	牡丹，花之富貴者也。	牆上的掛畫是一朵富貴的牡丹花。
9	沙發抱枕	蓮，花之君子者也。	抱枕上長出了蓮花，一個君子抱著抱枕。
10	茶几水果	噫！菊之愛，陶後鮮有聞。	果盤裡有橘子、桃子，聞起來都很新鮮。
11	地毯	蓮之愛，同予者何人？	地毯上長出的蓮花，被同學在下雨天摘走，沒有任何人敢說話。
12	客廳吊燈	牡丹之愛，宜乎眾矣！	吊燈上的牡丹花，被醫護人員拿去當重要的藥材。

記完一遍之後，一定要回歸到原文中，不要曲解意思。

三、記憶文言文〈滕王閣序〉（節選）

滕王閣序（節選）

（唐）王勃

豫章故郡，洪都新府。星分翼軫，地接衡廬。襟三江而帶五湖，控蠻荊而引甌越。物華天寶，龍光射牛斗之墟；人傑地靈，徐孺下陳蕃之榻。雄州霧列，俊采星馳。臺隍枕夷夏之交，賓主盡東南之美。

釋義

這裡以前是漢代的豫章郡城，如今是洪州的都督府，天上的方位屬於翼、軫兩星宿的分野，地上的位置連接著衡山和廬山。以三江為衣襟，以五湖為衣帶，控制著楚地，連接著甌越。萬物的精華，是上天的珍寶，寶劍的光芒照射到牛、斗二星之間。人中有英傑，因大地有靈氣，陳蕃專為徐孺設下床榻。雄偉的洪州城，房屋像霧一般羅列，英俊的人才，像繁星一樣活躍。城池坐落在夷夏交界的要害之地，主人與賓客包

括東南地區的英俊之才。

同樣的,通讀理解文章,然後將文章分成幾個句子。在此我分成 9 句,並以一輛汽車作為「記憶宮殿」,在汽車上找到 9 個地點樁,與 9 個句子一一對應與聯想:

序號	地點	原文	聯想
1	車前燈	豫章故郡,洪都新府。	車前燈有兩個,一個是章魚形狀,一個是蕈菇形狀,燈光照出來是紅色,照得人心服口服。
2	引擎蓋	星分翼軫,地接衡廬。	引擎蓋上面站著一個人很興奮,在上面蹦蹦跳跳,給他打了一針就倒地,橫躺在馬路上。
3	雨刷	襟三江而帶五湖。	兩根雨刷刷出了三條江和五個湖的水。
4	方向盤	控蠻荊而引甌越。	轉動方向盤就可以控制整個南京,「哦耶!開心!」
5	駕駛座	物華天寶,龍光射牛斗之墟。	駕駛座上放著五花肉,像天上掉下來的寶貝一樣,突然裡面有一條龍飛出來,發出的光射到了牛,牛的腳都在發抖,身體發虛。
6	車門	人傑地靈,徐孺下陳蕃之榻。	徐孺打開車門,來到人傑地靈的地方迎接陳蕃。

(續下頁)

7	輪胎	雄州霧列，俊采星馳。	輪胎把一隻熊壓成了一碗粥，喝完粥之後排成五列，迎接周星馳。
8	車後座	臺隍枕夷夏之交。	抬著黃色的枕頭進入後座，一下子就交到了很多朋友。
9	後備箱	賓主盡東南之美。	後備箱的門被冰住了，打不開。

　　請你試著在腦袋中一邊想像一輛車的不同位置，一邊背誦出原文。若忘記一部分內容，就回到對應位置，讓聯想變得更誇張、更適合記憶。

6 三十六計怎麼記,順背如流

　　前面的章節已經要求大家記住 0 至 99 的數字編碼,這些數字自帶順序,我們只須把新的資訊和數字聯想在一起,就能輕鬆記住。只靠前面介紹的人物宮殿、身體宮殿,能記憶的訊息量有限,**而數字宮殿可以記住 100 條訊息。**

　　你想體驗一下這種成就感嗎?我們用三十六計來感受一下數字宮殿的神奇吧!但前提是你一定要熟記 36 個數字編碼,如果還沒有記住,請記住後再進行這一步(參考第 47 頁圖表 2-1):

數字	編碼	計策	聯想
01	小樹	瞞天過海	你要渡過一片海,沒有工具,就用樹幹當作船,用樹葉遮住自己,瞞著天,過了大海。
02	鈴兒	圍魏救趙	把自己想像成一個老大,你搖一搖鈴兒,就跑出來一群小弟,圍著魏國救了趙國。

(續下頁)

03	三角凳	借刀殺人	在一個客棧裡，殺手把刀藏在三角凳下面，追殺的人來了後，殺手直接從凳子下面掏出刀來殺人。
04	汽車	以逸待勞	一個人整天坐在汽車裡，用安逸代替了勞動。
05	手套	趁火打劫	戴一雙刀槍不入、水火不侵的手套，趁著火時去打劫。
06	手槍	聲東擊西	用手槍打東邊發出聲音，子彈卻擊中了西邊的人。
07	鋤頭	無中生有	用鋤頭挖地，本來什麼都沒有，結果挖著、挖著，挖出來很多油。
08	溜冰鞋	暗度陳倉	穿著溜冰鞋，在暗處悄悄的渡過了陳舊的倉庫。
09	貓	隔岸觀火	貓躲在岸的這一邊，觀看著對面著火的形勢。
10	棒球	笑裡藏刀	棒子擊打出來的球，朝你的臉飛過來，上面畫著一個笑臉，快到你臉上的時候，突然伸出一把刀。
11	筷子	李代桃僵	一對筷子中，一根是李子樹的樹枝做的，另一根是桃子樹的樹枝做的，用李子這根代替桃子那根去夾生薑。
12	椅兒	順手牽羊	椅兒的椅背上拴著一隻羊，小偷順手就把羊牽走了。
13	醫生	打草驚蛇	古代的醫生都要上山採草藥，因為怕被蛇咬，所以要拿根棍子，一邊打草，把蛇給嚇走，一邊往前走。

（續下頁）

14	鑰匙	借屍還魂	拿鑰匙把放屍體的箱子打開,把屍體借走,還回來的卻是魂魄。
15	鸚鵡	調虎離山	鸚鵡嘴裡咬著一塊肉,吸引老虎離開這座山。
16	石榴	欲擒故縱	「欲擒」諧音「玉琴」;「故縱」諧音「古鐘」。一邊彈著玉做的琴,一邊吃著石榴,旁邊的古鐘發出來長長的一聲:「噹——。」
17	儀器	磚引玉	有一種儀器可以將拋出去的磚頭,變成一塊美玉。
18	腰包	擒賊擒王	腰包是賊王偷走的。
19	藥酒	釜底抽薪	從斧頭底下抽出很多薪水買藥酒喝。
20	香菸	渾水摸魚	一整包香菸在水面上全部點燃,冒出了一陣煙,趁這時在渾水裡摸魚。
21	鱷魚	金蟬脫殼	鱷魚也有硬硬的殼,把鱷魚想像成一隻金色的蟬,時機到了會脫掉牠的殼。
22	雙胞胎	關門捉賊	一對雙胞胎關門把賊捉住了。
23	和尚	遠交近攻	和尚和遠處山上的和尚交朋友,攻打近處山上的和尚。
24	鬧鐘	假道伐虢	諧音「嫁到法國」,想像早上鬧鐘一響,就馬上嫁到法國。
25	二胡	偷樑換柱	趁著拉二胡的聲音干擾,把糧食偷了,換成豬肉。
26	河流	指桑罵槐	在河流的這一邊,指著桑樹,罵對面的槐樹。

(續下頁)

27	耳機	假痴不癲	戴上耳機，假裝痴痴癲癲的樣子。
28	惡霸	上屋抽梯	惡霸被追趕到了屋頂，於是就把梯子抽掉，讓他下不來。
29	餓囚	樹上開花	一個餓得瘦骨嶙峋的囚犯，爬上樹去吃樹上開的花。
30	三輪車	反客為主	我嫌棄三輪車的主人騎得太慢了，於是我把他趕下去，自己成為了這臺三輪車的主人。
31	鯊魚	美人計	從鯊魚聯想到美人魚。
32	扇兒	空城計	諸葛亮拿著一把扇兒，把一座城給「扇空」了。
33	星星	反間計	「反間」諧音像「凡間」。星星掉入了凡間。
34	紳士	苦肉計	紳士每天拿著拐杖扮演乞丐，用苦肉計騙取錢財。
35	山虎	連環計	動物園訓練老虎，跳連著的火環。
36	山鹿	走為上計	山鹿的屁股後面跟著一隻豹，山鹿就一路狂奔，走為上計。

7 5分鐘內記住 葡萄酒的54種氣味

　　我以前參加一場品酒會時，品酒師展示了葡萄酒的54種氣味（見下方圖），說是品酒師必須記住的。我當時驚呆了，一杯葡萄酒竟有這麼多門道！

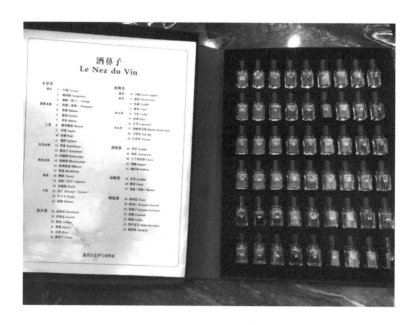

　　我說，不到 5 分鐘，我就可以記下來這 54 種氣味。大家都不信，最後當我正確的展示給大家看時，他們的下巴都要掉到地上了。

　　你應該已經猜到我是用什麼方法了吧（數字定位法）？如果你已經把前面的數字編碼記得滾瓜爛熟了，說不定你比我記得還快：

數字	編碼	氣味	聯想
01	小樹	檸檬	小樹上長滿了檸檬。你站在樹下，一個檸檬掉下來砸中了你，你一生氣就一口咬下去，酸得牙齒都快掉了。
02	鈴兒	葡萄柚	有一個像柚子般大的鈴鐺，剝開皮裡面卻是一粒、一粒的葡萄。
03	三角凳	柳橙	你在三角凳的每個凳腿下放一個橙子，往上一坐，就榨出了橙汁。
04	汽車	鳳梨	開一輛鳳梨形狀的汽車，風裡（「鳳梨」的諧音）來，雨裡去。
05	手套	香蕉	伸出你的手套，它們變成了一根根的香蕉，剝皮就可以吃。
06	手槍	荔枝	手槍裡打出來的子彈，都是一顆顆剝了皮的荔枝，水嫩嫩的。
07	鋤頭	香瓜	香瓜本來不是長在地底下的，現在想像自己種的金黃色香瓜，全都埋在地底下，需要你用鋤頭才能挖出來。

（續下頁）

08	溜冰鞋	麝香葡萄	溜冰鞋穿過了之後就會有臭味，在裡面放上香香的葡萄除臭。
09	貓	蘋果	貓把蘋果抓出一條條的爪印，被抓的地方馬上就氧化了。
10	棒球	水梨	棒球的球是梨子，梨子裡面灌滿了水，用棒子打出去，於是梨子瞬間破裂，水都噴灑出來，弄得你滿臉、滿身都是。
11	筷子	榅桲	榅桲（ㄨㄣㄅㄛˊ）這兩個字你可能不認識，但可以把它想像成「溫暖的香餑餑（按：指糕點或饅頭一類的食品）」。用筷子夾起新鮮出爐的香餑餑送進嘴裡，滿足感爆棚。
12	椅兒	草莓	椅兒有神奇的功效，每個人坐上去，屁股就會變成草莓。
13	醫生	覆盆子	醫生做手術的時候，須先付錢買盆子，去裝那些手術器材。
14	鑰匙	紅醋栗	鑰匙上面掛了一個板栗的鑰匙圈，這個板栗裹滿了紅色的醋，一陣陣的醋味飄來。
15	鸚鵡	黑醋栗	可以和上面的紅醋栗一起記。想像鸚鵡嘴巴裡咬著或爪子裡叼著一個板栗，是裹著黑色的醋。
16	石榴	歐洲藍莓	撥開石榴皮，本來是一粒粒紅色的石榴，結果變成了一粒粒藍色的藍莓。
17	儀器	黑莓	用顯微鏡這個儀器來研究，發黑了的草莓裡面有什麼微生物。

（續下頁）

18	腰包	櫻桃	一名大美女長著櫻桃小嘴，背著腰包，和閨蜜一起出去逛街。
19	藥酒	杏桃	藥酒裡面泡著滿滿的、心形的桃子。
20	香菸	水蜜桃	由水蜜桃可以想到孫悟空。孫悟空一邊抽著香菸，一邊吃著水蜜桃。
21	鱷魚	杏仁	「杏仁」諧音「行人」。鱷魚從沼澤裡突然竄出來，咬住了路上的行人。
22	雙胞胎	李子乾	雙胞胎放學一回家，就把一整袋李子乾吃完。
23	和尚	核桃	和尚的鐵頭功，可以用來砸核桃。
24	鬧鐘	山楂花	每天鬧鐘一響，就去山上採山楂，一邊吃山楂一邊欣賞花。
25	二胡	洋槐花	二胡的聲音太悲傷了，就學羊「咩咩咩」的叫，還戴著一朵小紅花。
26	河流	椴花	河流裡面的樹斷了，不再流動，花也不開了。
27	耳機	蜂蜜	用耳機聽音樂，聲音太甜了，甜甜的聲音化成蜂蜜從耳機裡面流出來。
28	惡霸	玫瑰	惡霸改邪歸正，嘴裡叼著一枝玫瑰向心愛的女子求婚。
29	餓囚	紫羅蘭	餓囚的囚服是紫羅蘭色的。
30	三輪車	青椒	菜農用三輪車裝著一車的青椒，每天在路邊叫賣。
31	鯊魚	蘑菇	鯊魚剪了一個蘑菇頭，於是變成傻傻的魚。

（續下頁）

32	扇兒	松露	在大太陽底下挖松露，實在太熱了，用扇子不停的搧。
33	星星	酵母	星星總是在應該睡覺的時候偷偷溜出去，然後被母親捏著耳朵提回去了。
34	紳士	雪松	紳士的帽子上頂著一顆雪松，不時的掉落雪花，讓別人誤以為是頭皮屑。
35	山虎	松樹	武松打虎。
36	山鹿	甘草	山鹿喜歡吃甘甜的草。
37	山雞	黑醋栗芽孢	還記得上面的黑醋栗是第幾個嗎？沒錯，是第 15 個。15 的數字編碼是鸚鵡，鸚鵡和山雞的外型其實有點像，所以可以一起記。
38	婦女	乾牧草	婦女每天到稻田裡去收取乾的牧草。
39	三角板	百里香	用三角板量了一下，真的是方圓一百里的地方都有香味。
40	司令	香草	司令每次從部隊回家，都要吃香草冰淇淋。
41	司儀	桂皮	司儀在主持婚禮的時候，穿著一身很貴的皮草。
42	柿兒	丁香花蕾	吃柿兒的時候，吃出一顆釘子，這個釘子還很香，長出了花蕾。
43	石山	胡椒	石山上面結出了很多胡椒，爬山累了就可以摘來吃，激發自己的鬥志。
44	蛇	藏紅花	有毒的蛇身上都長滿了紅色的花。

（續下頁）

45	師傅	皮革	師傅不穿袈裟，穿皮革。
46	飼料	麝香	飼料裡加了過量的麝香，把動物都毒死了。
47	司機	奶油	司機在方向盤上放了很多奶油，餓的時候就舔一舔奶油充飢。
48	石板	烤麵包	在石板上烤麵包，超級香。
49	溼狗	烤杏仁	溼狗太冷了，烤個杏仁給牠吃，讓身體變溫暖。
50	武林盟主	烤榛子	武林盟主的身上起了很多疹子。
51	工人	焦糖	工人穿的工作服都是焦糖色的。
52	鼓兒	咖啡	把咖啡粒放在鼓兒上，一敲鼓，咖啡就在上面跳舞。
53	烏紗帽	黑巧克力	包青天戴著烏紗帽，黑著臉，一邊辦案，一邊吃黑巧克力。
54	武士	煙燻味	用武士的刀來切培根，所以刀上有一股煙燻味。

　　當要記的內容比較多時，你可以分為每 10 個一組，記完 10 個後複習一輪，這樣也不至於記了後面的，忘記前面的。全部複習完後，可以練習默寫下來。

數字	氣味	數字	氣味	數字	氣味
1		19		37	
2		20		38	
3		21		39	
4		22		40	
5		23		41	
6		24		42	
7		25		43	
8		26		44	
9		27		45	
10		28		46	
11		29		47	
12		30		48	
13		31		49	
14		32		50	
15		33		51	
16		34		52	
17		35		53	
18		36		54	

　　記住這 54 種氣味，不僅能幫助你在社交場合增加一點談話資本，還可開發一個新技能，藝多不壓身！

馬上就能用的記憶訣竅

　　1. 定位法的核心是「以熟記新」，常用的定位法有人物定位、地點定位、數字定位等。

　　2. 找地點時，須遵循的原則：熟悉、有序、有特徵等。

　　3. 地點定位比較萬能，多累積地點樁，這樣在需要用的時候才可以信手拈來。

第 8 章

最強的思考武器，
心智圖

1 大腦的瑞士軍刀——心智圖

心智圖是由托尼‧博贊（Tony Buzan）於 1968 年發明，被譽為「大腦的瑞士軍刀」。這是一種圖文並茂形式的視覺化筆記，可以鍛鍊多維度思考能力，全面提升大腦的創造、思維、邏輯等能力。

作為一種實用的學習工具，心智圖已在全世界被廣泛使用。

老師用心智圖來備課，可以把知識結構更加清晰的展現給學生，讓課堂更加充滿魅力；學生用心智圖預習、學習和複習筆記，能讓思路更廣闊，學習更高效；職場人士用心智圖來做職業規畫、工作計畫、客戶溝通等，可以更順利達成目標，在職場上晉升；企業利用心智圖，進行腦力激盪、專案策劃、員工培訓、產品設計、會議筆記等，能大幅的節省人力、物力和財力。

生活中，心智圖也被用來做旅遊計畫、身材管理、時間管理等，讓生活更加美好。

那麼，心智圖為什麼有這麼大的魔力，又究竟如何使用？本章將帶你揭開心智圖的神祕面紗。

一、心智圖的作用

1. 建立聯繫

心智圖呈網狀結構。製作心智圖時，須建立節點和節點之間的聯繫，讓分散的知識相互連結，形成一個完整的結構。

心智圖總是從是什麼（what）、為什麼（why）、怎麼做（how）三方面來提醒我們思考問題，幫助我們建立思維模型。

2. 打開思路

心智圖不是封閉的；相反的，透過發散性思考和縱深思考，它能不斷的向外擴展。把隨時冒出來的新想法補充在線條上，用線條的流動性激發創造力，能讓我們的思緒更加開闊。

3. 形成體系

透過整理和連接，心智圖可以讓碎片化的知識形

成體系，把獨立的知識組合成屬於自己的知識結晶。

二、如何閱讀心智圖

學習繪製心智圖前，要先學會看懂心智圖。一幅完整的心智圖裡必須有中心圖、主幹、分支、關鍵字，而圖像、符號、顏色可以看情況添加。

1. 中心圖

顧名思義，中心圖就是位於圖片最中心、最大、最引人注目的圖，用於呈現主題內容。中心圖大約占整個畫面的 1 ／ 9 大小，有 3 種以上的顏色。

2. 主幹

有幾個主幹就表明分成了幾個類別。主幹通常是牛角形狀，緊密連接著中心圖和後面的分支，從中心往週邊擴散，由粗到細。一個大主幹是 1 種顏色。

3. 分支

分支都是弧線，線的上方寫上關鍵字，能引導我們的視線走向。

4. 關鍵字

關鍵字是分支上面的字，字數通常在 4 個字以內。

以下頁、第 189 頁圖表 8-1 的心智圖為例，其中心圖就是位於畫面中心的時鐘和沙漏，主題是「終結拖延症」。雖然「終結」兩個字沒有寫出來，但從圖上畫出一把剪刀把「拖延的尾巴」剪斷，就可以理解意思。

主幹是「問」、「答」、「疑」、「解」4 個字，整個主題就包含這 4 個部分。

閱讀時，通常從右上角第一個分支開始，順時針閱讀，也就是先看「問」，再依次看「答」、「疑」、「解」。後面的部分就是分支，包括二級分支、三級分支……分支是用來更詳細的說明主幹。

圖表 8-1　心智圖範例：終結拖延症

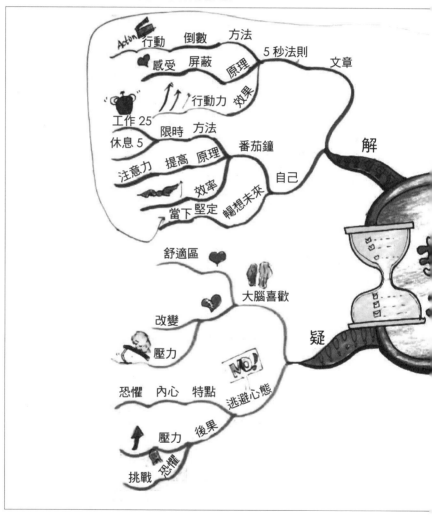

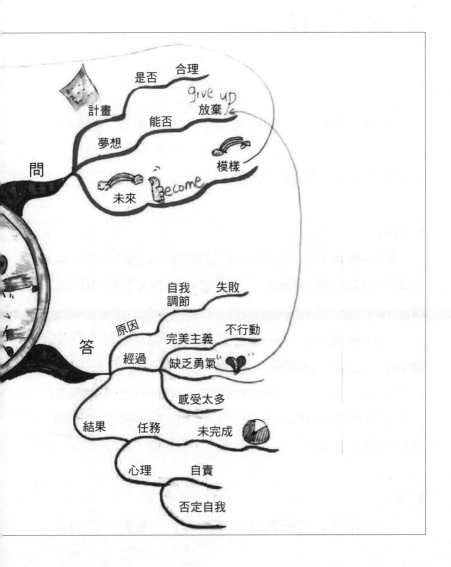

2 繪製工具

繪製心智圖須「知行合一」，做到手到、眼到、心到，缺一不可。「工欲善其事，必先利其器」，先著手準備你的「利器」吧！

1. 白紙

剛開始學習和訓練製作心智圖時，我推薦使用 A4 白紙，因為它便於攜帶、大小適中，有足夠的空間呈現內容。

為什麼要用白紙繪製心智圖？這是因為有線條和圖案的筆記本，會限制大腦的思維，還容易干擾閱讀，而在白紙上繪畫，可以天馬行空，任你的思維遨遊。當你熟練使用心智圖後，可以嘗試在不同樣式、不同材料的紙張上創作。

2. 筆

也許你曾見過繪製得十分精美的心智圖，它們五

顏六色，有的用蠟筆、彩色筆繪製，也有用彩色鉛筆繪製……那麼，我們繪製心智圖時，同樣要準備各式各樣的筆嗎？其實，不須都準備齊全，只有一支筆、一張紙也可以繪製心智圖。工具是輔助，思維才是核心。但以下我仍介紹幾種筆的用法：

・中性筆：中性筆適合用來打草稿，有些人會用鉛筆打草稿，但除了小學三年級以下的孩子之外，我不建議用鉛筆打草稿。

心智圖又稱「腦圖」，是腦海裡的圖畫，因此在下筆前，腦海裡應該預先構思好心智圖的大概框架。因為中性筆不像鉛筆容易修改，若使用中性筆打草稿，可逼自己在下筆時稍微謹慎一些。不過也不須把寫錯看得那麼嚴重，隨著思維的發散和完善，心智圖可以不斷修正和升級。

・針筆：繪製中心圖時可以靈活應用粗細不同的針筆，粗的可用來填色、畫邊框和繪圖，細的可用來寫關鍵字。

・各式各樣的筆：包括彩色筆、彩色鉛筆、蠟筆等，在繪製中心圖和幫分支上色時可使用。

3. 一個乾淨的桌面和一顆放鬆的心

除了必要的工具之外，請準備好一個乾淨的桌面。《匠人精神》的作者秋山利輝在書裡說道：「進入作業場所前，必須成為很會打掃整理的人。」讓你的桌面保持整潔，這是一種儀式感，也是為接下來做的事創造一個良好的開端。

準備一顆放鬆的心也很重要，因為緊張的狀態不利於思緒流動和迸發靈感。

3 繪製流程與範例

　　你在繪製心智圖的前期不須做很多功課，需要做的僅是拿起筆，開始行動！我以「自我介紹」為例，教你快速學會繪製心智圖的技巧。

步驟一：紙張橫放，畫中心圖，呈現放射狀

　　中心圖可以直接寫主題，也可以畫出符合中心主題的圖。例如，如果要歸納一本書，就可以畫一本書，並寫上書名；如果要寫作文，就把作文主題畫出來等。在此我要示範的例子是「自我介紹」，此時可運用記憶法，把名字轉化成圖像畫出來。須注意以下三點：

　　・大小：中心圖大小占 A4 紙的 1 ／ 9，可以把紙折成九宮格，中間一塊畫中心圖。稍微熟練後，只須找到對角線的交點就可以開始繪製。大小也可以根據內容多寡來調整——內容多，中心圖小；內容少，中心圖大，但最大也不要超過紙張大小的 1 ／ 9。

・顏色：若要上色，中心圖顏色建議 3 種以上。在一個畫面當中，顏色最豐富的肯定是最引人注目的，而中心圖要達到吸睛的效果。

・內容：圖像可以藉由諧音、代替、增減倒字來轉化。例如，名字「陳琴」可以取諧音「橙琴」，用一臺橙色的鋼琴表示；「計畫」可以用「日曆」的圖代替；「記錄」可以用一支筆、一張紙的圖代替。

步驟二：畫主幹和分支（線條）

・主幹：從右上角開始畫第一個主幹，緊密連接中心圖，由粗到細，主幹上的字比中心主題的字小，略大於分支的字。同一條主幹的分支顏色相同，不同主幹的分支顏色不同；主幹通常是 3 至 7 條，太多的話不利於思考和記憶，且也會顯得畫面擁擠。

以「自我介紹」為例，把你想介紹自己的內容分成幾個部分，每個部分總結成一個關鍵字，並寫在主幹上。

・分支：畫出流暢的弧線（關鍵字會寫在線上），線的長度約等於關鍵字的長度。

步驟三：寫關鍵字

· 字數：關鍵字字數盡量控制在 4 個字以內，字寫在線上，關鍵字有多長，線就畫多長。

· 顏色：每條主幹的關鍵字和主幹顏色一致，也可以全圖文字是黑色，節省時間。

· 內容：關鍵字是能概括重點資訊、表達中心思想、理清邏輯關係的詞語，以加深對內容的理解和記憶。可透過劃分內容的層次，或根據時間、地點、人物、事件、目的、做法（5W1H：When、Where、Who、What、Why、How）來找關鍵字。這個能力須經過長期訓練，並非一蹴而就。

到這一步，基本上心智圖就成形了（見下頁、第 197 頁圖表 8-2），後面步驟用於進一步提升美觀度。

步驟四：畫小圖像

· 形式：畫簡圖、代碼、符號等小圖在線條上方，或關鍵資訊的旁邊。

· 作用：讓重點一目瞭然，便於理解和記憶。

· 方法：利用抽象轉化成形象的方法，包括諧音、代替、增減倒字。心智圖的其中一個特色是經常會加

圖 8-2　心智圖範例：自我介紹

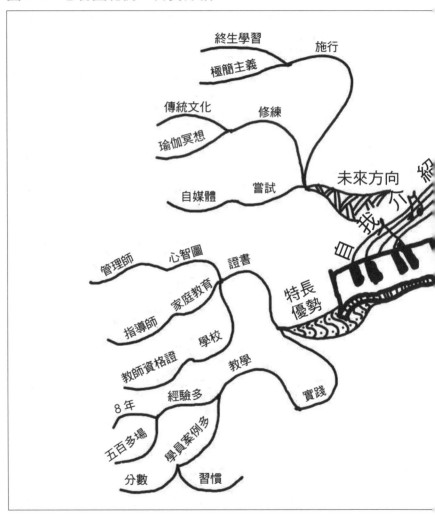

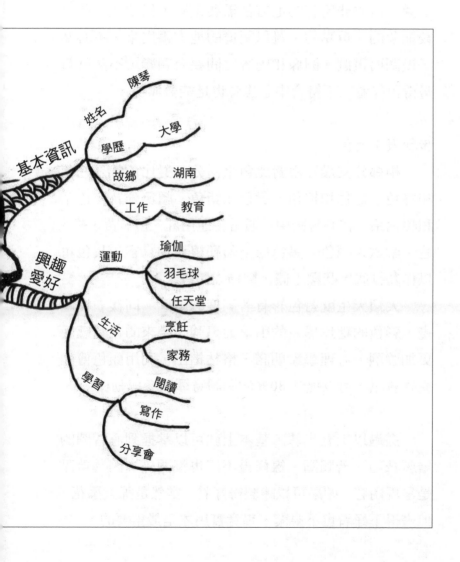

上圖。但並非所有的地方都需要畫圖，只須在一些比較抽象的、重點的、難以記憶的地方畫出來，不必為了畫圖而畫圖。圖像和內容之間要有關聯，不然就算畫得再好看，不符合中心思想也是徒勞無功。

步驟五：上色

相鄰分支最好用對比色來區分，對比色就是紅色和綠色、藍色和橙色、黃色和紫色。顏色分為冷色系和暖色系，在心智圖中，通常會運用紅、橙、黃、綠、藍、紫六大顏色，黑色用來勾勒線條和寫字，灰色可以作為打底，凸顯主體，製造立體感。

人類天生就對色彩有著高度的敏感。同樣一幅圖畫，彩色的總比黑白的衝擊力更強，帶來的視覺感受更加強烈。心理學家朗諾・格林指出，利用顏色傳達視覺資訊，可以提升80％的閱讀意願和參與動機。

透過以上五步驟，基本上就可以掌握到心智圖的繪製技巧。若圓圈、線條畫不好也沒關係，因為重點是呈現內容。如果可以繪製得好看，當然是錦上添花，但畫得不好看也不要緊，畢竟實用才是最重要的。

4 水平思考與垂直思考

一、水平思考

水平思考（並聯式思考、發散性思考），又可叫做「開花」訓練，是指把一個中心詞寫在中間，像花蕊一樣，然後根據這個中心詞聯想，並將聯想出來的資訊寫在花瓣上。

我經常在課堂上讓學生做這樣的思維訓練，限制3分鐘的時間內，看誰聯想到的詞語個數最多。這是非常有利於打開思路的一種訓練。

例如，從「幸福」這個詞語可聯想到家人、愛情、老有所依、有房、有車、有存款、海邊、美食等。這些詞語都跟幸福直接相關，都可以寫下來（見下頁圖表 8-3）。

又如，「彩虹」會讓你想到什麼？可以盡情的想，不分對錯（見第 201 頁圖表 8-4）。

圖表 8-3　水平思考範例：幸福

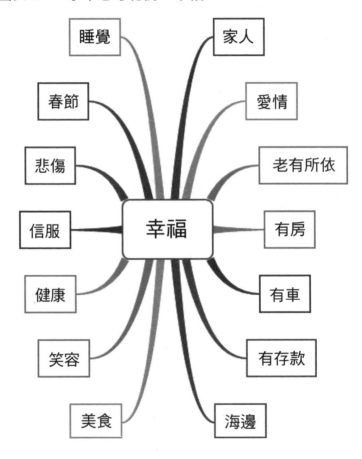

圖表 8-4　水平思考範例：彩虹

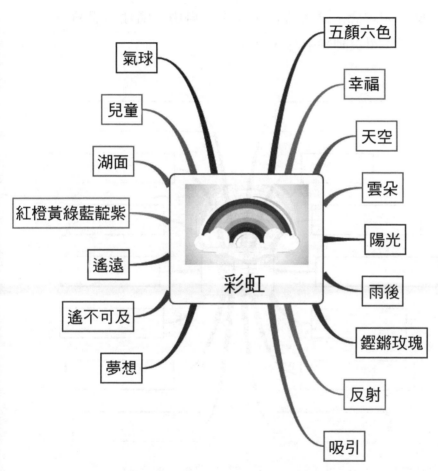

（按：中國國家女子足球隊的隊歌叫做〈風雨彩虹鏗鏘玫瑰〉，由歌手田震演唱。）

來做幾個小練習吧！做「開花」訓練時，請你摒棄一切雜念，讓思維活躍起來，自由、隨性的思考。注意：單次訓練限時 3 分鐘。

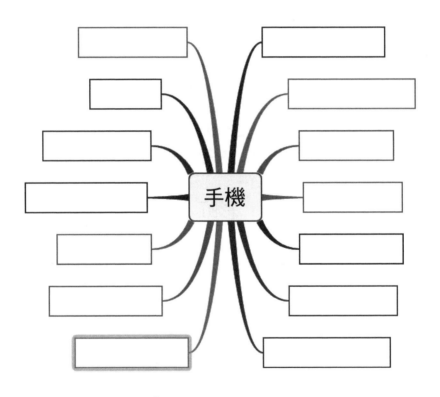

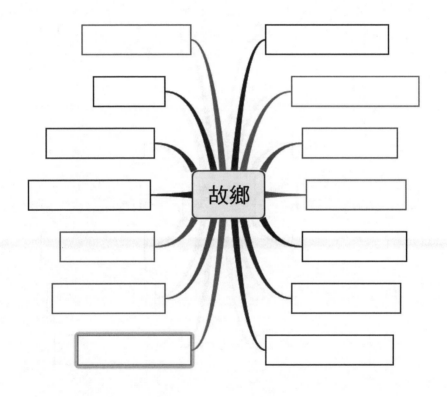

　　從多個角度，例如從空間、時間、外形等來思考。
以下繼續訓練幾組：

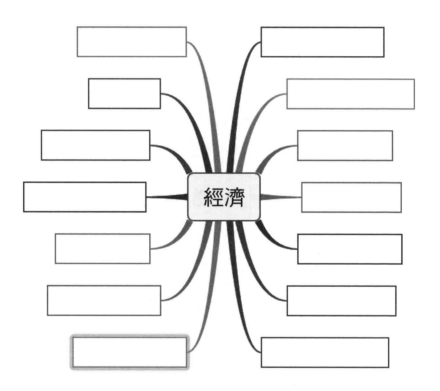

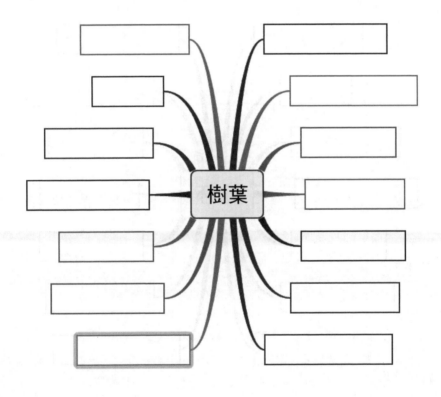

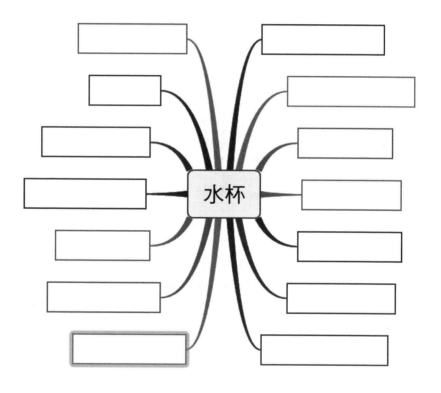

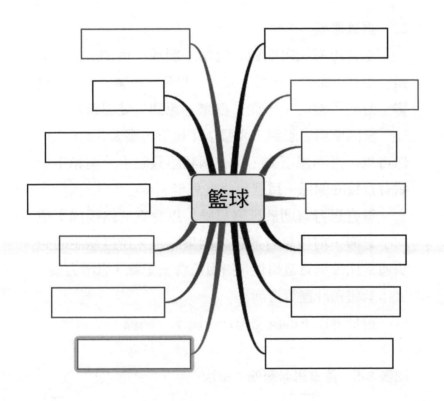

水平思考很適用於想新點子、進行創意策劃、腦力激盪，對於對寫作文感到困難的學生，也有幫助。

二、垂直思考

垂直思考又可叫做「流水」訓練。例如，從「幸福」想到「家人」，從「家人」想到「溫馨」，從「溫馨」想到「燈光」，從「燈光」想到「愛因斯坦」，從「愛因斯坦」想到「大腦」（見下方圖表 8-5）……你可以一直聯想下去，每一個詞語只跟上一個和下一個有直接的關係，這就是垂直思考。

垂直思考有助於延展思維。以垂直的路徑向上或向下思考，前後具有遞進或因果關係，所以產生的想法通常比較具有邏輯性，適用於會議記錄、思考方案、工作彙報和計畫等方面。

請針對以下的詞語進行「流水」訓練：

圖表 8-5　垂直思考範例：幸福

・故鄉：

_____

・經濟：

_____

・手機：

_____

・籃球：

_____

　　水平思考和垂直思考不僅可以運用在生活中，還可以運用在工作和學習中。經常練習，就會提升思維能力。

5 還可以用來記文章

如今，很多學校推廣心智圖時，大都是教學生用心智圖做筆記、整理重點。其實除了這兩個用途，心智圖還有很多其他的功能。

一、用心智圖記文章〈海上日出〉

海上日出

巴金

為了看日出，我常常早起。那時天還沒有大亮，周圍很靜，只聽見船裡機器的聲音。

天空還是一片淺藍，很淺很淺的。轉眼間，天水相接的地方出現了一道紅霞。紅霞的範圍慢慢擴大，越來越亮。我知道太陽就要從天邊升起來了，便目不轉睛地望著那裡。

果然，過了一會兒，那裡出現了太陽的小半邊臉，紅是紅得很，卻沒有亮光。太陽像負著什麼重擔似的，慢慢兒，一縱一縱地，使勁兒向上升。到了最後，它

終於衝破了雲霞，完全跳出了海面，顏色真紅得可愛。一剎那間，這深紅的圓東西發出奪目的亮光，射得人眼睛發痛。它旁邊的雲也突然有了光彩。

　　有時太陽躲進雲裡。陽光透過雲縫直射到水面上，很難分辨出哪裡是水，哪裡是天，只看見一片燦爛的亮光。

　　有時候天邊有黑雲，而且雲片很厚，太陽升起來，人就不能夠看見。然而太陽在黑雲背後放射它的光芒，給黑雲鑲了一道光亮的金邊。後來，太陽慢慢透出重圍，出現在天空，把一片片雲染成了紫色或紅色。這時候，不僅是太陽、雲和海水，連我自己也成了光亮的了。

　　這不是偉大的奇觀麼？

　　我們按照以下四步來畫這篇文章的心智圖：

　　第一，通讀全文，了解文章的中心思想和內容，把不認識的生字詞標注出來。第二，把文章分成好幾個部分，確定中心圖以及主幹。第三，梳理每個部分的關係，提取關鍵字。第四，把重要的關鍵字轉化成圖像，兩者相結合，加深對詞語的認識和印象。

心智圖是一種圖像思維工具，它能讓知識結構更加清晰，增強學生的立體思維能力和記憶力。畫心智圖不僅是為了記住課文，還能讓學生在繪製過程中，展開想像的翅膀，刺激大腦，提高對學習的興趣。

第 214 頁至第 215 頁圖表 8-6 的心智圖是我的學員根據〈海上日出〉繪製的心智圖。她很開心的告訴我，她畫完後就把整篇文章記下來了。

二、用心智圖記古文〈菊〉和〈蓮〉

菊

菊花盛開，清香四溢。其瓣如絲、如爪。其色或黃、或白、或赭、或紅，種類繁多。性耐寒，嚴霜既降，百花零落，惟菊獨盛。

釋義

菊花盛開的時候，清香四處散發。它的花瓣有的像細絲，有的像鳥雀的爪子。它的顏色，有的黃、有的白、有的褐、有的紅，種類繁多。菊花的特性是能經受寒冷，寒霜降落以後，許多花凋謝了，只有菊花獨自在盛開。

蓮

蓮花，亦曰荷花。種於暮春，開於盛夏。其葉，大者如盤，小者如錢。莖橫泥中，其名曰藕。其實曰蓮子。藕與蓮子，皆可食也。

釋義

蓮花，也叫做荷花。暮春時節栽種，盛夏時節開花。蓮花的葉子，大的就像盤子一樣，小的則像銅錢。蓮花的莖橫躺在泥土中，它的名字叫做蓮藕。它的果實叫蓮子。蓮藕與蓮子，都可以食用。

這兩篇文章常被放在一起討論，因此可以將它們畫在同一張心智圖中。請你按照上文列出的四個步驟，畫出屬於你的心智圖。

第 216 頁至第 217 頁圖表 8-7 是一個範例。記住，先自己嘗試繪製再看範例哦！

三、用心智圖記文章

第 218 頁至第 219 頁圖表 8-8，描繪出如何利用心智圖記文章：

圖表 8-6　心智圖範例：〈海上日出〉

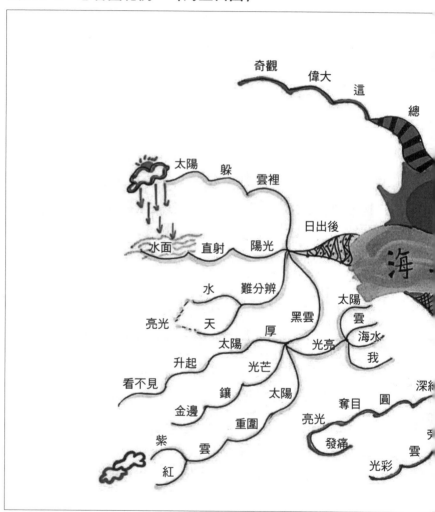

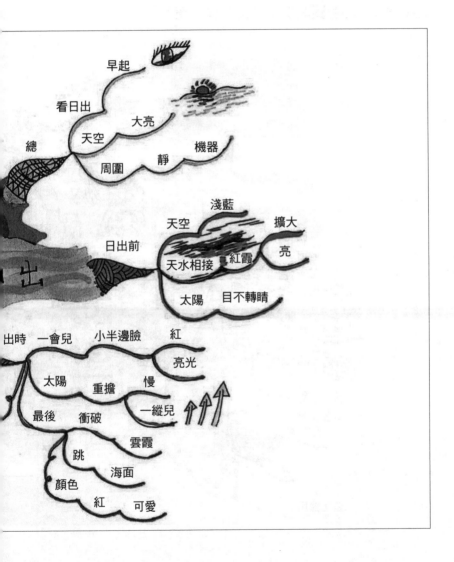

圖表 8-7　心智圖範例：〈菊〉和〈蓮〉

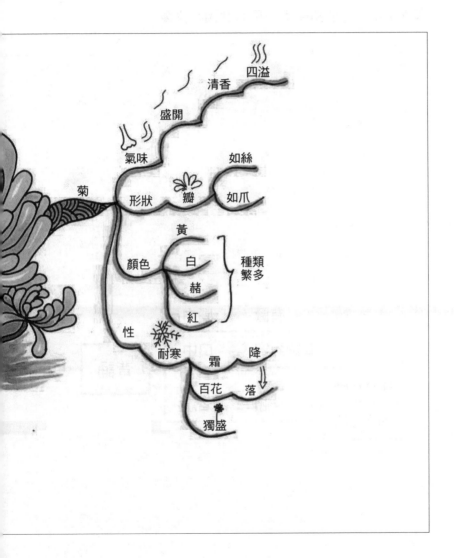

圖表 8-8　心智圖範例：用心智圖記文章

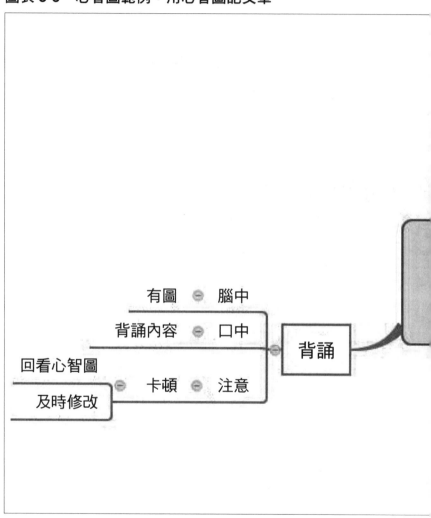

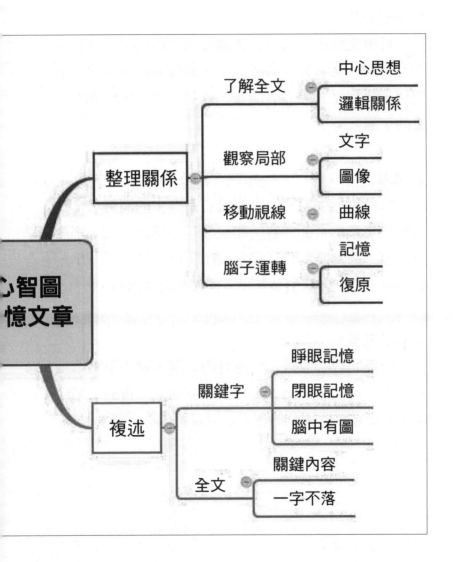

1. 整理關係

梳理文章中每個段落或部分之間的關係，然後結合心智圖，沿著分支的導向，梳理每個關鍵字之間的關係，梳理完一遍心智圖後，就能對文章的內容有大概的了解。

2. 複述

複述包括兩點，一是複述心智圖上的關鍵字，二是複述文章的全部內容。如果你只須熟悉全文，那麼只要複述關鍵字就可以滿足需求；但如果你須一字不錯的背誦全文，就須多花點時間複述全部內容。

3. 背誦文章

一邊回想心智圖，一邊背誦文章，背不下來的地方，在心智圖上做記號，證明這個地方須再加上記憶線索或圖像。這部分的內容也可以畫成心智圖。

6 整理未成形的內容——筆記

　　心智圖不僅可以用來整理已有的內容——古詩、文言文、現代文等，還可以用來整理未成形的內容——筆記、購物清單、工作計畫等。相比於傳統的筆記，心智圖的優勢明顯（見下方圖表 8-9）。

　　運用心智圖做學習筆記，不僅記得更快，還更有針對性。心智圖只記錄重點，你不須一字、一句的寫下老師說的話，或完完整整的抄下書本中的原文。

　　但繪製心智圖時你須思考，透過思考，對於一節課、一篇文章、一個章節，甚至一整本書的內容，你

圖表 8-9　傳統筆記與心智圖比較

傳統筆記	心智圖
無關內容過多，關鍵字不明顯。	結構清晰，關鍵字一目瞭然。
看起來枯燥，不易於記憶。	圖文結合，形象生動，容易記憶。
線性思維，抑制創造力。	發散性思維，激發創造力。
浪費時間。	節省時間。

能做到融會貫通，真正學會知識。這個過程並非一蹴而就，你可以根據需求，不斷修改和升級心智圖。

心智圖不是千篇一律，即使是同一個主題，根據每個人需求和理解的不同，畫出來的心智圖長得也不一樣。這也是我在前面請你先自己動手畫，再去看範例的原因。

只有藉由思考來詳略取捨，你才能更加深刻的理解筆記內容，進而透過整理筆記的過程，不斷將知識內化，形成自己的知識體系。

以聽課筆記舉例，我們具體來看用心智圖做筆記的步驟：

1. 建立體系

老師講課的時候是有邏輯的，按照課本的知識體系或老師講課的思路，邊看、邊聽、邊梳理，找出重點組合，建立好主幹。

2. 記錄重點、難點

講課過程中，老師有時會強調「這個點很重要」，甚至直接要求學生記錄，這時提到的內容就是重點；

另一方面，難點是指自己難以理解的、對自己有啟發的，或涉及知識盲區的內容。一般來說，重點對於整個班級都一樣，而每個人的難點卻不盡相同。

3. 簡單快速的記錄

　　不要為了做筆記而耽誤聽課，記錄時要盡量快速、簡單寫、提取關鍵字，只要自己看得懂就行。

4. 筆記升級

　　課後記得再次整理筆記，這樣既可以複習課堂內容，加深印象，又可以查漏補缺。

　　如果你是一名學生，想提高複習效率，可以每週用心智圖整理當週的知識重點，學完每一個單元，再整理一幅心智圖。如此一來到考試前，就不用看堆積成山的複習資料了，因為你已經在整理的過程中，不斷加深印象。

7 做學習計畫和旅遊計畫

1. 學習計畫

　　凡事豫則立，不豫則廢。做任何事情，有了計畫，就有了明確的執行方向，讓事情向我們想要的結果靠近，即使「計畫趕不上變化」，也可及時調整步伐，不至於從頭再來，或焦慮不安。

　　心智圖就像一個貼身管家。在學習上，它可以用來制定學年計畫、學期計畫、月計畫、週計畫、日計畫，還可以制定每個科目的計畫。藉由學習計畫，我們可以清楚掌握學習情況，養成安排合理時間的好習慣，並隨時做出相應的調整，不至於造成混亂，從而高效學習。

　　每個人的情況都不一樣，沒有一個計畫範本能適用於所有人。最好是根據實際情況做出適合自己的學習或工作計畫，別人的建議都只是參考。

　　以下，你可以試著自己做學習計畫：

　　首先，進行詳細的自我分析，從你目前的學習狀

態、學習成績、優勢和劣勢等方面入手。

　　其次，根據自我分析，制定學習目標。記住，目標一定要明確，並且是跳一跳可以碰得著的，避免籠統、含糊不清、無法界定。再次，分配時間，結合學習時間和休息時間，考慮可行性。最後，補充必要的說明，也可以制定獎懲機制，做到賞罰分明。

2. 旅遊計畫

　　雖然大家總是嚮往一場「說走就走的旅行」，但實際情況是沒有計畫的旅行，容易讓人丟三落四，玩得不痛快。現在，想像你將要去海邊度假，請用心智圖來整理一份須攜帶行李的清單吧！

　　下頁至第 227 頁圖表 8-10 是一個範例，對比看看你漏掉了什麼吧！

圖表 8-10　心智圖範例：行李清單

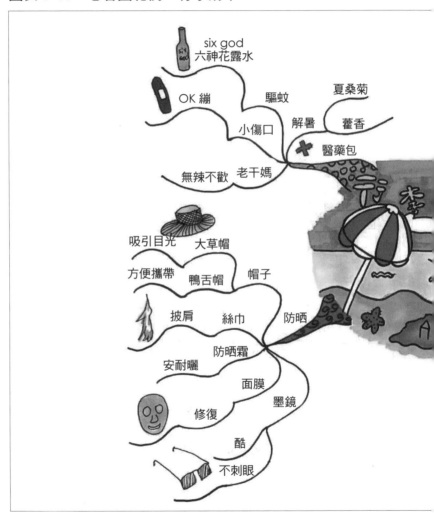

8 關於心智圖的提問與解答

問題 1：我不會畫畫，是不是就無法繪製好心智圖？

這個問題的背後包含一個假設：擅長繪畫就代表能畫好心智圖。實際上，這個假設是錯誤的。

第一，心智圖是圖文並茂，裡面確實有很多圖形和符號，但只是用來刺激視覺，幫我們順利理解和記憶。重要的不是美術創作，而是內在思維的結構、邏輯，以及思維的深度和廣度。

第二，其實每個人都會畫畫，不信你現在試試看，在紙上畫出三角形、圓形、波浪線。每個人的心裡都住著一個愛畫畫的天使，只是你沒有召喚這個天使，讓祂長久的沉睡著。所以只要你想，並且行動起來，體內的繪畫潛力就會被激發出來。

第三，圖形不應該千篇一律、規規矩矩，誇張、有趣的圖像更容易刺激我們的大腦皮質，造成意想不到的效果，所以不會畫畫的你，說不定更能夠展現創造力。

問題 2：心智圖就是一個大綱圖，沒有用？

　　繪製心智圖並不難，但為什麼很多人在學習過一段時間後就放棄，覺得沒有用？關鍵在於沒有掌握到心智圖的祕訣。

　　有些人為了繪製精美的心智圖，花了大把的時間在處理中心圖和小圖上，浪費時間！畫得美固然可以吸引注意，具有觀賞性和藝術性，但若缺少實用性和可讀性，就失去了心智圖最珍貴的價值。

　　當然，我們的大腦天生是一個「好色之徒」，如果你的心智圖能既具有藝術性，又具有實用性，那何樂而不為？

問題 3：畫心智圖會花費很多時間，如果有畫圖的功夫，事情都解決了？

　　首先，凡事都是熟能生巧。剛開始學習繪製心智圖，確實可能花半小時，甚至 1 小時才繪製一張，但隨著對工具越來越熟練，你也可以做到花 10 至 15 分鐘就畫好心智圖，像你剛開始學走路時跟跟蹌蹌，熟練後就能跑起來。所以，唯有刻意練習才是真理。

　　其次，工具始終是為你所用，替你帶來便捷而

非困擾。不要受限於工具。「拿著一把錘子，就看誰都是釘子」──學會了心智圖，就什麼都要畫心智圖──這樣的思維是僵化的。根據問題挑選解決工具，有明確的目的很重要。

最後，心智圖的優勢在於它可以訓練思維的深度和廣度，讓你藉由繪製心智圖拓展出更多的思路，也可以檢查是否有遺漏、沒有思考全面的地方，從而避免快速思考帶來的一些缺陷。

問題 4：我知道心智圖很有用，但孩子忙，沒時間學習怎麼辦？

這個問題就像是，你明明知道從 A 地點到 B 地點，開車是最快的，但你非要選擇走路，說自己走去停車場太麻煩了。

一個工具再好，如果不使用，對你來說也沒有用。孩子之所以忙，是因為他的學習效率不高，唯有從這個根源出發，提高孩子的學習效率，才能真正解決「孩子忙」的問題。所謂「磨刀不誤砍柴工」，不能用戰術上的勤奮，掩蓋戰略上的懶惰。

問題 5：怎麼知道自己畫的心智圖是對的？

剛開始學習繪製心智圖的人，都會有這樣的疑惑：我是不是哪裡畫得不對？

有這樣的心態很好，意味著你在求上進，但不要讓這個問題成為困擾。剛開始學習，犯錯很正常，只須堅持練習，在繪畫的過程中，你的技能自然會熟練，能力就形成了。

畫 20 張心智圖才算是剛入門，畫到 50 張就算是一個初級的學習者，而當你畫到 200 張、500 張心智圖時，你會發現不論什麼心智圖都難不倒你。

問題 6：是電繪（電腦繪圖）比較好，還是手繪比較好？

電繪和手繪心智圖各有各的優勢。

電子心智圖在使用的過程中更加方便、快捷、容易複製，中心圖也可以直接在網上找圖片代替，比較簡單。然而，這個優勢也正是它的弱勢，因為製作起來很快速、便捷，所以它帶來的成長性和思考性都不會太大。以記憶效果來說，肯定是手繪心智圖強於電腦繪圖。

我提倡手繪心智圖，它更助於我們深度思考。

馬上就能用的記憶訣竅

1. 心智圖是高效思考的工具，可以應用在學習、生活、工作等各個方面。

2. 心智圖的繪製步驟：畫中心圖、畫主幹和分支、寫關鍵字、畫圖像、上色。

3. 心智圖的心法訓練：水平思考（開花）、垂直思考（流水）。

第9章

腦力競技實戰世界

1 世界腦力錦標賽

　　世界腦力錦標賽是由「世界記憶之父」、心智圖發明者托尼‧博贊，以及英國 OBE 勛章（Officer of the Order of the British Empire，大英帝國官佐勛章）獲獎者雷蒙德‧基恩（Raymond Keene）於 1991 年發起，由世界記憶運動理事會（WMSC）組織的世界級高水準大腦思維競技賽事，被譽為「腦力運動的奧林匹克」。

　　這個比賽考驗選手的綜合能力，包括觀察力、注意力、聯想力、創造力、思維力、記憶力，為選手的生活、學習、工作等方面帶來收益，讓人生更加精彩。

　　世界腦力錦標賽有 10 個項目，每個項目的內容和標準都不同，具體內容如右頁圖表 9-1。

　　我把這 10 個項目分成 3 個類型，分別是數字記憶、中文記憶和圖像記憶（見第 236 頁圖表 9-2）。

圖表 9-1　世界腦力錦標賽的 10 個項目

項目	國家賽 （National）	國際賽 （International）	世界賽 （World）
人名面孔	5 分鐘	15 分鐘	15 分鐘
二進位數字	5 分鐘	30 分鐘	30 分鐘
馬拉松數字	15 分鐘	30 分鐘	60 分鐘
抽象圖形	15 分鐘	15 分鐘	15 分鐘
快速數字	5 分鐘	5 分鐘	5 分鐘
虛擬歷史事件	5 分鐘	5 分鐘	5 分鐘
馬拉松撲克牌	10 分鐘	30 分鐘	60 分鐘
隨機詞語	5 分鐘	15 分鐘	15 分鐘
聽記數字	100 秒和 300 秒	100 秒、300 秒和 450 秒	200 秒、300 秒和 450 秒
快速撲克牌	5 分鐘	5 分鐘	5 分鐘

圖表 9-2　世界腦力錦標賽的 10 個項目分成 3 個類型

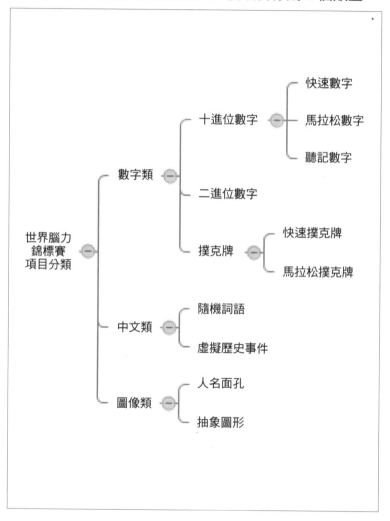

2 數字記憶

數字記憶是世界腦力錦標賽中最基礎的，包括 6
個項目：聽記數字、快速數字、馬拉松數字、二進位
數字、快速撲克牌、馬拉松撲克牌。

練習數字記憶，首先要熟記數字編碼，這在前面
章節已經詳細介紹，不再贅述。總之，花點時間來掌
握編碼，不僅數字記憶得快，也有可能獲得世界記憶
大師的稱號。

在江蘇衛視《最強大腦》（按：專注於傳播腦科
學知識和腦力競技的節目）中，76 歲的吳光仁爺爺能
背出圓周率小數點後 6,000 位，如此高齡也能藉由方
法練成這樣的「超能力」，只要你堅持。你也可以！

一、聽記數字

聽記數字的規則比較簡單，賽場上會播放以英文
表達的隨機數字：「zero、three、one、three、two、
four……。」選手在規定時間內，盡量多記聽見的數

字，按順序寫在答題卡上，對幾個就得幾分。從錯誤的數字開始，之後都不計分，例如，如果寫了 10 個，但第 3 個錯了，之後的都不能得分，只能得 2 分。

　　這個項目比較考驗選手的專注力和反應力。因為播放的是英文，所以中間經歷了「英文→中文→圖像」的轉換，是一個有趣又令人心跳加速的項目。

二、快速數字和馬拉松數字

　　這兩個項目都是在規定的時間內，盡可能的多記數字。快速數字記憶的時間是 5 分鐘，馬拉松數字記憶的時間是 1 小時（世界賽）。答題卷上，一行是填 40 個數字。

得分規則

　　‧完全寫滿並正確的一行得 40 分。

　　‧完全寫滿但有 1 個錯處（或是漏寫）的一行得 20 分。

　　‧完全寫滿但出現 2 個或以上錯處（或是漏寫）的一行得 0 分。

　　‧空白行數不扣分。

・如最後的一行沒有完成（例：只寫上 29 個數字），且所有數字皆為正確，其所得分數為該行作答數字的數目（於該例，即 29 分）。

・如最後一行沒有完成，但有一個錯處（或是漏寫），所得分數為該行作答數字的數目的一半。如為單數，則四捨五入調至整數，例：作答了 29 個數字但有 1 個錯處，分數將除以 2，即 $29 \div 2 = 14.5$ 分，分數四捨五入調至 15 分。

・最後一行有 2 個或以上的錯處（或是漏寫），則將以 0 分計。

訓練技巧

1. 將數字轉化為圖像編碼，詳見數字編碼表（見本書第 2 章）

編碼表僅供參考，在訓練過程中，如遇個別編碼持續出錯或遺忘的現象，可自行更改編碼；如遇大面積編碼出錯或遺忘的現象，是編碼沒有記牢，建議從基礎編碼開始記憶。

例如，在我訓練的過程中，數字「50」的編碼本來是「奧運五環」，但連結時多次回想不起來，於是

我更改了編碼。因為我家剛好有五姊妹，所以我就把「五朵金花」作為了數字「50」的編碼。這個編碼與我息息相關，因此我再也沒有出過錯。

這種編碼方法展現了記憶法的一個重要原則——以熟記新。將我們身邊熟悉的、重要的物品或人物作為編碼，就可以第一時間在腦海中圖像化。

2. 編碼活化訓練

在進行編碼記憶的同時，每一個編碼都須進行視、聽、嗅、味、觸覺的「活化」訓練，從編碼的圖案、大小、顏色、形狀、材質、主動動作、受力面等，7個角度來深度思考，讓你的編碼立體的呈現在腦海中。請試著在以下表格練習。

當每個編碼都仔仔細細的推敲、反覆的磨練，才能提升數字記憶能力。

編碼	圖案	大小	顏色	形狀	材質	主動動作	受力面
01 小樹							
02 鈴兒							
03 三角凳							

3. 讀數訓練

備戰世界腦力錦標賽的選手，都要準備一本厚厚的隨機字本，每天進行「讀數」訓練。所謂「讀數」，並不是把數字讀出來，而是一邊看數字，一邊在腦海裡圖像化，看是否能在看見數字的第一時間，出現清晰的編碼圖片。

在訓練初期，圖像化會比較慢，不要著急，腳踏實地的讓每一個圖片，都在腦海中清晰呈現，避免為了追求速度，忽視了清晰度。

隨著訓練難度提高，一個數字編碼的圖像化速度應維持在 0.5 至 1 秒，以「馬拉松數字」項目中，答題卷一行 40 個數字（20 個編碼）的標準，每行圖像化時花 10 至 20 秒。每天堅持做一頁讀數訓練，圖像化速度自然會逐漸提高。

4. 連接訓練

做完單個編碼的圖像化訓練，就要開始訓練把編碼兩兩連接起來。在連接編碼時，要格外注意的是**先後順序**。例如：記憶數字「0407」，04 的編碼是汽車，07 的編碼是鋤頭，可以聯想：鋤頭挖開汽車車頂，車

頂破了一個大洞。

　　你可能注意到了，是後面的編碼主動作用於前面的編碼。為什麼要按照這個順序？因為定位法先在腦中圖像化的是地點，前面編碼要主動作用於地點，後面編碼再作用於前者（見下方圖）。剛開始連接時，畫面應盡可能的誇張、奇特，刺激大腦。

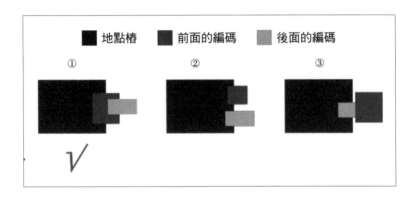

5. 打造自己的記憶宮殿

　　每個世界記憶大師都擁有自己的記憶宮殿，且都經過精心挑選和反覆磨合。一般來說，一個記憶宮殿裡包含 30 個地點樁。我找地點的方式比較特別：找自己熟悉的場地，按順序拍 6 張照片，按順時針或逆時

針的順序在每張照片上標記序號，這樣就建立了一組地點樁。

　　我認為這樣做的好處有兩點，一是克服找地點的恐懼，因為拍照把事情簡單化了；二是可以把地點儲存在手機裡，方便隨時、隨地加深印象。

　　以下是我在一家常去的茶館裡找的地點樁（見下頁至第 246 頁圖表 9-3）。

　　拍完照片後，仔細看一看、摸一摸每個地點樁，感受一下它們帶給你的感覺。

　　帶著正念，心思回歸到指尖的觸感，這麼做過後，你會發現對每一個地點樁都有自己的情感，使用起來也會比較順暢。

　　參加世界腦力錦標賽的選手，至少要有 30 個記憶宮殿，包含 900 個地點樁，這樣才不會在訓練時，因地點樁少而導致同一個地點樁有很多編碼圖像，以至於答題錯誤。

圖表 9-3　作者的記憶宮殿參考

圖片順序	照片	序號	地點樁
1		1	門把手
		2	古琴
		3	凳子
		4	窗簾
		5	窗臺
2		6	花瓶
		7	椅子把手
		8	六邊形窗戶
		9	抱枕
		10	茶杯

（續下頁）

3		11	杯子
		12	木製面紙盒
		13	藥酒瓶
		14	大竹席子
		15	礦泉水瓶
4		16	燈開關
		17	玄關擺件
		18	頂燈
		19	門縫
		20	滅火器

（續下頁）

		21	綠色盆栽
		22	茶餅
5		23	轉運錢包
		24	茶盒
		25	錢袋
		26	水龍頭
		27	插座
6		28	茶條
		29	心經牌匾
		30	茶杯牆

6. 記憶訓練

　　實踐是檢驗真理的唯一標準。記憶法的訓練沒有捷徑，唯有日復一日的訓練，才能真正提高記憶能力。以下，我們用「茶館」這個記憶宮殿中的前 5 個地點樁，來記憶一組數字：09930673428113934352。

　　像這樣記憶完畢後，閉上眼睛馬上回憶一遍，接著記在訓練本上：

數字	編碼	地點樁	聯想
09	貓	門把手	門把手上有一隻貓打著舊傘。
93	舊傘		
06	手槍	古琴	古琴上有一把手槍，手槍打出來很多旗杆。
73	旗杆		
42	柿兒	凳子	凳子上有個大柿兒，柿兒上爬滿了白蟻。
81	白蟻		
13	醫生	窗簾	窗簾上有個醫生打著舊傘。
93	舊傘		
43	石山	窗臺	窗臺上有一座石山，石山上有一個鼓兒。
52	鼓兒		

　　每訓練一組數字，都要記錄這組數字所用的地點椿、記憶時間、正確率，這麼做是為了之後回過頭來看時，整理出容易出錯的地方，總結問題，對症下藥，這樣才能不斷提高記憶力。

　　每天訓練完後也要做總結，歸納當天做到的訓練目標，以及沒有達成目標的原因，並設定第二天須達到的目標。有問題可及時請教教練，根據自身實際情況及時調整。

7. 找對節奏

　　在馬拉松數字的比賽項目中，容易記完後面的數字，又遺忘前面一些不緊密的連結，所以在這個項目中找到節奏感尤為重要。許多選手在這個項目失誤，都是因為沒有找好適合自己的節奏。

　　當年我訓練時，每 5 分鐘記憶 240 個數字，看 2 遍，然後再記 240 個數字，同樣看 2 遍，接著閉眼，複習一遍 480 個數字（回憶不起來時，馬上睜眼看一下，加深印象）。

　　如此一來，第一輪的花費約為 15 分鐘，到第三輪就記憶了 480×3 = 1,440 個數字，花費約 45 分鐘。

最後用 15 分鐘整體複習 2 遍，1,440 個數字保證全對。保持這個節奏，我的正確率就非常高。

　　我提供的記憶節奏僅供參考，你可以根據自己的訓練情況，找到屬於自己的節奏。數字訓練是基礎，只有把數字記憶的根基打牢，其他項目才會跟著進步。數字訓練的過程較枯燥，帶來的成就感卻是極高。

三、二進位數字

　　二進位數字是指只由 0 和 1 組成的一串數字。

得分規則

　　‧完全寫滿並正確的一行得 30 分。

　　‧完全寫滿但有 1 個錯處（或是漏寫）的一行得 15 分。

　　‧完全寫滿但有 2 個錯處（或是漏寫）及以上的一行得 0 分。

　　‧空白行數不會倒扣分。

　　‧如最後的一行沒有完成（例：只寫上 20 個數字），且所有數字皆為正確，所得分數為該行作答數字的數目。

· 如最後一行沒有完成，但有 1 個錯處（或是漏寫），所得分數為該行作答數字的數目的一半（如有小數點，採取四捨五入法）。

訓練技巧

將二進位數字轉化為十進位數字來記憶——三位的二進位數字轉為一位的十進位數字。由於增加了轉換這個步驟，所以須對於轉換足夠熟悉，迅速圖像化。下表為三位的二進位數字與十進位數字的對應轉換。

圖表 9-4　三位的二進位數字與十進位數字的轉換

二進位	000	001	010	011	100	101	110	111
十進位	0	1	2	3	4	5	6	7

四、撲克牌記憶

撲克牌記憶分為兩種，一是快速撲克牌，二是馬拉松撲克牌。快速撲克牌記憶比的是，盡可能快速的準確記住一副打亂順序的撲克牌；馬拉松撲克牌記憶是在 60 分鐘（世界賽）內，記憶多副打亂順序的撲克牌，看誰記得又多、又準。

得分規則

- 如果整副牌都記憶正確得 52 分。
- 如果錯一個，得 26 分。
- 錯誤超過 2 個（包括 2 個），得 0 分。
- 如最後一副牌沒有完成（例：只記住了 38 張），但記住的都是正確的，那麼記住幾張就給幾分。
- 如最後一副牌沒有完成，而記住的部分有 1 處錯誤，那麼只能得一半分數（如有小數點，採取四捨五入法）。
- 如最後一副牌沒有完成，錯誤超過 2 個（包括 2 個），得 0 分。
- 如遇到平分的情況，勝負取決於附加的撲克牌。在這副牌中，參賽者盡力去記，每記對一張牌，可以得 1 分，得分更多的將是優勝者。

訓練技巧

一副撲克牌若不包括鬼牌，共有 52 張，分別為黑桃、紅心、梅花、方塊四種花色，每種花色 13 張牌。記憶撲克牌的關鍵是將牌面轉化成數字，將撲克牌記憶轉化成數字記憶。

1. 熟記撲克牌編碼

因為黑桃「♠」有一個尖尖的角、紅心「♥」上方像兩個屁股、梅花「♣」上方有三個花瓣、方塊「♦」有四個角，所以依次將這四種花色，加上數字編碼 1、2、3、4。因為 5 寫快的話很像 J、Q 長得像 0、K 上下封口就是 8，所以花牌 J、Q、K 分別對應數字編碼 5、0、8。如果不是 J、Q、K，先看花色再看數字，如果是 J、Q、K，先看數字再看花色。

撲克牌編碼表見下頁圖表 9-5。

2. 推牌技巧

通常為左手拿牌，大拇指推牌，手指稍微用力，一次推 2 張，推牌速度要保持勻速。

3. 讀牌訓練

跟讀數訓練一樣，每兩張牌與一個地點樁連結。記憶撲克牌的過程中，選擇一組記憶宮殿中的前 26 個來記憶，用不到最後 4 個。

此外，每副牌要按順序標上序號，避免混淆。

圖表 9-5　撲克牌編碼表參考

數字	黑桃	紅心	梅花	方塊
A	11 筷子	21 鱷魚	31 鯊魚	41 司儀
2	12 椅兒	22 雙胞胎	32 扇兒	42 柿兒
3	13 醫生	23 和尚	33 星星	43 石山
4	14 鑰匙	24 鬧鐘	34 紳士	44 蛇
5	15 鸚鵡	25 二胡	35 山虎	45 師傅
6	16 石榴	26 河流	36 山鹿	46 飼料
7	17 儀器	27 耳機	37 山雞	47 司機
8	18 腰包	28 惡霸	38 婦女	48 石板
9	19 藥酒	29 餓囚	39 三角板	49 溼狗
10	10 棒球	20 香菸	30 三輪車	40 司令
J	51 工人	52 鼓兒	53 烏紗帽	54 武士
Q	01 小樹	02 鈴兒	03 三角凳	04 汽車
K	81 白蟻	82 靶兒	83 芭蕉扇	84 巴士

3 中文記憶

一、虛擬歷史事件

歷史事件包括兩個部分，**一是事件內容，二是發生時間**。前者是文字，後者是數字。由此也可以看出，數字記憶是快速記憶的基礎。

在世界腦力錦標賽中，虛擬歷史事件這個項目，記的是虛擬事件的日期。

得分規則

在 5 分鐘內記憶大量虛擬的歷史日期，並在 15 分鐘內答題，看誰記得又多又準。

訓練技巧

1. 提取歷史事件的關鍵字，轉化成圖像。
2. 把圖像當成地點樁與數字連接。

以下來看幾個案例：

日期	虛擬歷史事件	關鍵字	聯想
2095	小丑變成了一顆番茄。	「小丑」	20 的編碼是「香菸」、95 的編碼是「酒壺」。小丑一邊抽著香菸，一邊拿著酒壺喝酒。
1632	「天上人間」悄然出現了孫悟空。	「天上人間」	「天上人間」可以聯想到「嫦娥」。16 的編碼是「石榴」、32 的編碼是「扇兒」。嫦娥吃著石榴，搖著扇兒，從天上飛到了人間。
1838	有人吃了 100 個大粽子。	「粽子」	18 的編碼是「腰包」、38 的編碼是「婦女」。粽子裡有個腰包，腰包裡住著婦女。

二、隨機詞語

在世界腦力錦標賽中的隨機詞語項目屬於中文記憶。參賽者須盡可能的多記隨機詞語，並正確的回憶出來。

得分規則

・如每列 20 個詞語均為正確作答，每個詞語將得 1 分。

・如每列有 1 處錯誤（或漏寫），得 10 分（即 20÷2）。

・如每列有 2 個及以上的錯誤（或是漏寫），得 0 分。

・如每列有錯別字，則錯幾個扣幾分。例如，把「斑馬」寫成為「班馬」，則扣 1 分，最後得分 19 分。

・空白未作答的列不會扣分。

・如最後一列沒有寫完，每個正確回憶的詞語得 1 分。

・如最後一列有 1 處錯誤（或是漏寫），則該列得分為正確回憶的詞語數目的一半。

・如最後一列有 2 處及以上的錯誤（或漏寫），則該列得 0 分。

・如果一列中有 1 個記憶錯誤和 1 處錯別字，那麼該列的計分方式為：滿分先除以 2，再減去寫錯別字的詞語的個數，即 20 除以 2 得 10 分，再減 1，最後得 9 分；如果有 2 個及以上詞語寫錯別字就減 2 分，得 8 分。注意：記憶錯誤必須比錯別字錯誤早扣分，否則 9.5 分會被四捨五入至 10 分，即沒有扣掉錯別字該扣的分。

（按：假設一列中有 1 個記憶錯誤和 1 處錯別字，如果先扣錯別字錯誤：20 － 1 ＝ 19，19÷2 ＝ 9.5，

再四捨五入會變成 10 分，導致和沒有錯別字的選手分數相同。）

　・總分為每列分數的總和。如總分有 0.5 分，則會四捨五入。

　・如分數相同，優勝者將取決於作答了但沒有得分的列數，每正確作答一個詞語得 1 分，分數較高者則勝。

訓練技巧

　1. 每個詞語都變成具體的圖像（用抽象轉化成形象的方法）。

　2. 快速記住不認識的字。

　3. 找到最適合自己的方法。可以選擇故事法（一列 20 個詞語編一個故事），也可以選擇地點定位法（2個詞語放一個地點）。具體的訓練方法請參考本書第 3 章和第 7 章。

4 圖像記憶

圖像記憶包括抽象圖形和人名面孔。這兩個項目除了考驗選手的記憶力，還考驗選手的觀察力。

一、抽象圖形
得分規則

· 15 分鐘內盡量多記，並在 30 分鐘內將每行的正確次序標注出來。

· 每行正確作答得 5 分。

· 一行中有遺漏或錯誤者，該行倒扣 1 分，即得分為 −1。

· 不作答或空白的行數不扣分。

· 總分為負數者將以 0 分計。

訓練技巧
1. 對常見的抽象圖形進行編碼

可以根據你第一眼看上去像什麼來進行編碼。例

如下面的圖案中，第 1 個像「眼睛」、第 2 個像「兔
子」、第 3 個像「帽子」、第 4 個像「白蝴蝶」、第
5 個像「龜殼」。在編碼後，抽象圖形記憶就轉化成
了中文記憶＋數字記憶。

2. 使用定位法來記憶抽象圖形

　　一個地點樁上放 2 個抽象圖形，注意順序。這一
方法在前文已經練習過多次，還沒有掌握的讀者，可
以再看看本書第 7 章的內容。

　　一個竅門：一行只須記 4 個的順序，沒有放地點
樁的自然就是第 5 個。

二、人名面孔

　　記憶人名面孔的關鍵是，把臉上的特徵找出來，
透過誇張的方式將其轉化為形象圖像，把人名定位到
臉部特徵上。

計分規則

- 名字正確得 1 分。
- 姓氏正確得 1 分。
- 若只寫上姓氏或名字亦可得分。
- 填寫錯誤的姓氏或名字得 0 分。
- 姓氏和名字的次序若顛倒，便以 0 分計。
- 沒寫上姓氏或名字不會倒扣分。
- 總分有小數點時，四捨五入。

訓練技巧

1. 找出面孔的特點，把這個特徵放大、誇張化。

2. 把名字轉換為容易記憶的圖像。

3. 緊密的連接臉部特點與名字圖像，使自己看到臉孔就想起名字，或看到名字就想起臉孔。

記人名的關鍵之一是記住姓氏。參加世界腦力錦標賽的選手，通常會事先記憶常見的姓氏編碼，以便在比賽中更快速的將人名轉換成圖像。以下是部分的姓氏編碼：

姓氏	編碼	姓氏	編碼	姓氏	編碼
白	白頭髮	曹	野草	車	汽車
卜	辮子	岑	塵土	成	城池
蔡	青菜	陳	陳皮	程	橙子

　　此外，由於名和姓是分開計分，所以在記憶時，可盡量挑選名字短的來記憶。姓或名在 3 個字以內的，比較好圖像化並與特徵連結。但須注意訓練時，長名字和短名字都要訓練，以免在比賽時遇到的名字普遍偏長，那就緊張了。

5 你是否也有這些疑問……

問題 1：為什麼學了記憶方法，記憶力還是沒有提高？

有些孩子在網上或線下報名了記憶方法的課程，學了一段時間，但覺得記憶力並沒有提升，效果不好，就認為方法沒有用。對於這一點，我有以下兩點想告訴大家：

1. 學習任何一種知識，都有一個週期，不可能一蹴而就。由於每個人過往的經歷、學識、理解能力、想像力等方面都不同，所以每個人掌握方法的週期也不同。有的人訓練不到 1 個月就能成為世界記憶大師，而有的人花一、兩年，甚至好幾年都無法成為記憶大師，這取決於你有沒有突破學習週期。

2. 學了、學會了、會靈活應用這三者有本質上的區別。如果你只是學了方法，沒有反覆練習和靈活應用，終究無法領悟記憶方法的奧義。

問題 2：市面上有那麼多的培訓機構、有許多記憶大師，到底跟誰學比較好？

適合自己的才是最好的。

首先，老師是不是世界記憶大師，與教得好不好沒有必然的關聯。當上世界記憶大師，代表他的記憶技能很好，但當老師不僅考驗專業能力，還考驗將自己的知識教給學生，引導學生在學會方法的同時，激發他更大潛力的能力。

在這個行業中，我也見過有些不是記憶大師的老師，憑藉他們對教育和記憶法的熱愛，同樣帶出了當上世界記憶大師的學生，也教會很多學生把記憶方法用在學習上，提高了學習效率。

其次，老師是不是世界記憶大師，與學生學得好不好也沒有必然的關聯。俗話說：「師傅領進門，修行在個人。」在學習這件事上，老師的引導很重要，但學生藉由良好的引導，堅持訓練、靈活運用，更加重要。即使是孔子這樣的聖賢，三千弟子中的佼佼者也就那麼幾個，所以勤學巧練才是真理。

最後，教育這件事，中間產生影響的因素太多，並不是單方面因素就能決定結果。找到適合的老師，

就踏踏實實跟著練習，等到你青出於藍，可以再尋找更適合的老師。

問題 3：記憶法很好，但花多長的時間學習能看到效果？多久才能像展現能力的優秀學員一樣活學活用？

首先，每個學習者都應該搞清楚學習記憶方法的目的。你要的效果是什麼？如果你用來處理工作，那麼當你能用記憶方法讓工作變高效，就代表有效果；如果你是以拿到世界記憶大師的證書為目標，那麼拿到證書就代表有效果；如果你只是想探索新的領域、略知皮毛就好，那麼上試聽課，快速記下你平時須花很長時間記下來的隨機字、詞語，就代表有效果。

每個人對於看到效果的定義不一樣，脫離效果的標準去談，這個問題就是個偽命題。

其次，分數的提升跟很多因素有關，不僅跟對記憶法的理解、訓練時間長短、學習態度等有關，還跟學習習慣、理解力、專注力等因素有關。在家長配合、學生用心、老師指導有方的情況下，一、兩個月就可以看到孩子的記憶力有所提升。

最後，我想告訴每一個普通人，只要你按照正確

的方法好好訓練，都會有效果，至於效果是提升 3 倍還是 7 倍，取決於自己的努力。

問題 4：老師，你們家有四個記憶大師，這是否跟遺傳因素有關？

我認為跟遺傳因素無關。學記憶法前，我的成績是中等偏下的程度。我從小是屬於比較笨的孩子，總比別人慢一拍，但我相信笨鳥先飛，勤能補拙。我和家人勤奮訓練成為記憶大師後，還幫助一些學生也拿到記憶大師稱號，更有學生在記憶力方面，打破金氏世界紀錄。

想提升記憶力，和勤奮、刻意練習的關聯最大。但也要承認一點：遺傳因素也會影響記憶，這展現在對記憶法的悟性高低和訓練時間上。

（按：作者吳瓊於 2014 年獲得世界記憶大師的稱號；二妹、三妹、四妹於 2015 年獲得世界記憶大師的稱號。）

問題 5：我學記憶法是為了記跟學習相關的知識，為什麼要練習記數字或詞語？這些跟我的學業沒有太大

的關聯，記這些是否太浪費時間了？

訓練記憶法時，並非直接提升記憶力，而是先訓練持久的專注力、敏銳的觀察力、豐富的想像力、抗干擾能力等，枯燥的數字訓練有助於培養這些能力。一邊看數字一邊圖像化、和地點連結等，能提升你的綜合能力。隨著數字記憶速度提升，你會發現可以快速的把注意力集中在一件事上，這是擁有一個良好的記憶力必備的因素。

記憶賽場上，選手須排除燈光、媒體、裁判來回走動、突發事件等各方面因素的干擾，全神貫注，一坐就是幾個小時，腦子還要飛速運轉。這種高度集中的注意力，不訓練肯定得不到。而數字訓練可訓練到專注力。

詞語的訓練可以訓練抽象轉化成形象的速度。我們學習的內容大部分都是中文訊息，不外乎抽象資訊和具象資訊，所以「把抽象資訊具象化」的速度，可以決定記憶的速度。

把這兩個基礎打牢，再去記文言文、現代文、政治、歷史、地理等訊息，就會非常迅速。

問題 6：老師，您是世界記憶大師，是不是每時每刻都在記憶，可以記住大家每個時間點說的每句話、做的每件事？

雖然我學了記憶方法，但只會在特定時刻、需要記憶的時候，才會用到這個技能，如果每時每刻都使用，難免太累了，也沒有必要。

作為世界記憶大師，我只是比沒有經過訓練的人記得更快、更牢、更準確。偷偷告訴你，我在生活中也有點粗心。

問題 7：老師，我擔心孩子學了記憶方法後，學會投機取巧、偷懶，以後做任何事情都偷懶怎麼辦？

記憶方法是一種工具，和開車、游泳是類似的。我們會用狗爬式游泳，為什麼還要學蛙式？因為蛙式可以游得更快、更遠。我們不能說學了蛙式的孩子就會投機取巧，做任何事都偷懶了吧？這個說法是不合理的。學習記憶法，只是讓孩子多一種選擇的工具。孩子掌握了游泳、開車、演講、彈鋼琴的方法，未來就能有更多的可能，有更多綻放光芒的機會。

再者，大人有時也喜歡「偷懶」。從積極的角度

來看,「偷懶」有助於激勵孩子打破陳規、思考創新,從而創造另外一種可能,偶爾也要允許孩子從不同的角度思考。

問題 8:孩子以前學過記憶方法,學的當下效果還不錯,但不學後就忘了,這個方法是不是不持久?

這分兩種情況:

第一,沒有領悟記憶方法的技巧和精髓。有的學生,老師教他記憶,可以記得很快,但老師不教,自己就不會記。這就屬於完全沒有掌握方法,只是依賴老師。要看問題出在哪裡,是老師的引導問題,還是學生的吸收問題。具體問題,具體分析。

第二,沒有「用」,就「沒有用」。有的學生在課堂上表現很好,訓練很積極、有熱情,回家後卻沒有堅持練習、實踐,當然方法就沒有用啦!這就好比你在身邊放一把利劍,卻一直不用它,還要一直責怪這把劍一點也不鋒利。等這把劍在時間的磨損下真的成了一堆破銅爛鐵,你就在旁邊抱怨說:「看吧!就知道這個東西沒有用。」

記憶方法和其他任何一種方法一樣,唯有持之以

恆的訓練，才能把這個技能內化為能力。變成能力後就不必經常訓練，就像我現在沒有每天練習，但讓我記任何資料，雖然達不到當年在世界腦力錦標賽上的速度，依然比一般人記得快很多。

問題 9：學那麼多種方法，真的都能掌握、運用嗎？

快速記憶法包含聯想法、歌訣法、繪圖法、拆分法、定位法、心智圖等，每個人擅長或經常使用的方法都不一樣。

不必糾結是否能把每種方法運用自如，應該把注意力放在記憶的結果上。「黑貓白貓，抓到老鼠就是好貓」，我認為學習記憶法的最高境界是「忘記」，忘記形式上的技巧，形成自己的認知體系，才能運用自如，無招勝有招。

記憶法並不完美，也並不神祕，它不是深居簡出的怪叔叔，而是親切可愛的鄰家小妹。要自己親自去發現、探索她的祕密，去和她碰撞出火花！祝你早日達成自己的記憶目標，讓快速記憶方法成為你人生道路上的助推器！

後記

　　你好，感謝你購買這本書！它包含了我學習、教學 8 年來總結出的一些記憶技巧。我透過這套方法，在學習、工作和生活中取得了一些成績。如今，我把這些經驗整理成書，希望可以幫助學生、職場人士解決一些記憶難題，提升學習、工作效率。只要勤懇練習和多多實踐，每個人都可以成為記憶高手！

　　有學生告訴我，學完快速記憶，記東西更快了，平時須花 1 小時背誦的資料，現在只需要 20、30 分鐘；也有學生說，在練習的過程中，鍛鍊了想像力和創造力，更磨練了毅力；還有學生說，透過練習，他們提升了自信，了解自己和「最強大腦」的距離是很近的……大部分人不是天生記憶力不好，而是缺少正確的方法。

　　若你能從本書中得到一些收穫，讓學習與工作更進一步，那麼這本書就有了價值。

　　感謝閱讀！

issue 062

馬上就能用的超強記憶法

記憶是考試、學習、成為能人的根本，用你熟悉的舊串起上百個新，不用一個月，人生各方面彎道超車。

作　　者／吳瓊、陳琴
校對編輯／連珮祺
副 主 編／馬祥芬
副總編輯／顏惠君
總 編 輯／吳依瑋
發 行 人／徐仲秋
會計助理／李秀娟
會　　計／許鳳雪
版權主任／劉宗德
版權經理／郝麗珍
行銷企劃／徐千晴
業務專員／馬絮盈、留婉茹
行銷、業務與網路書店總監／林裕安
總 經 理／陳絜吾

國家圖書館出版品預行編目（CIP）資料

馬上就能用的超強記憶法：記憶是考試、學習、成為能人的根本，用你熟悉的舊串起上百個新，不用一個月，人生各方面彎道超車。／吳瓊、陳琴著．-- 初版．-- 臺北市：任性出版有限公司，2024.05
272 面；14.8×21 公分 . -- （issue；062）
ISBN 978-626-7182-81-9（平裝）

1. CST：記憶　　2. CST：學習方法

176.33　　　　　　　　　113003331

出 版 者／任性出版有限公司
營運統籌／大是文化有限公司
　　　　　臺北市 100 衡陽路 7 號 8 樓
　　　　　編輯部電話：（02）23757911
　　　　　購書相關諮詢請洽：（02）23757911 分機 122
　　　　　24 小時讀者服務傳真：（02）23756999
　　　　　讀者服務 E-mail：dscsms28@gmail.com
　　　　　郵政劃撥帳號：19983366　　戶名：大是文化有限公司

法律顧問／永然聯合法律事務所
香港發行／豐達出版發行有限公司
　　　　　Rich Publishing & Distribution Ltd
　　　　　香港柴灣永泰道 70 號柴灣工業城第 2 期 1805 室
　　　　　Unit 1805, Ph.2, Chai Wan Ind City, 70 Wing Tai Rd, Chai Wan, Hong Kong
　　　　　Tel：21726513
　　　　　Fax：21724355
　　　　　E-mail：cary@subseasy.com.hk

封面設計／林雯瑛
內頁排版／吳思融
印　　刷／鴻霖印刷傳媒股份有限公司

出版日期／2024 年 5 月初版
定　　價／新臺幣 390 元（缺頁或裝訂錯誤的書，請寄回更換）
ＩＳＢＮ／978-626-7182-81-9
電子書 ISBN／9786267182796（PDF）
　　　　　　9786267182802（EPUB）

本書繁體版由四川一覽文化傳播廣告有限公司代理，經中國紡織出版社有限公司授權出版。